Inhalt

Formbildung

Substantiv

Adjektiv

Zahlwort

Pronomen

Verb

Adverb

Präposition

Satzbildung

Wortbildung

Formbildung

Die Wortarten

1 Man unterscheidet im Russischen folgende Wortarten:

gebeugte Wortarten	*nichtgebeugte Wortarten*
1. Substantive (↗ **16–57**), z. B.: завóд, дéвочка, движéние;	6. Adverbien (↗ **223–230**), z. B.: вéсело, дóма, тепéрь;
2. Adjektive (↗ **58–85**), z. B.: красúвый, дéтский;	7. Präpositionen (↗ **231, 232**), z. B.: без, к, с;
3. Zahlwörter (↗ **86–103**), z. B.: три, пя́тый;	8. Konjunktionen, z. B.: и, но, потомý что;
4. Pronomen (↗ **104–146**), z. B.: я, кто, такóй;	9. Partikeln, z. B.: вот, же, ли, не;
5. Verben (↗ **147–222**), z. B.: читáть, организовáть, говорúть;	10. Interjektionen, z. B.: ах, эх, увы́.

Zu den prädikativen Adverbien (die auch als Zustandswörter bezeichnet werden) ↗ **226**.

2 Zum Unterschied vom Deutschen gibt es im Russischen *keinen Artikel*; vgl. z. B.:

мáльчик – der Junge	oder: ein Junge	oder: Junge
дéвочка – das Mädchen	oder: ein Mädchen	oder: Mädchen

Ob bei der Übersetzung ins Deutsche der bestimmte, der unbestimmte oder gar kein Artikel zu setzen ist, ergibt sich aus dem Satzzusammenhang.

3 Mitunter treten Wörter einer Wortart in eine *andere Wortart* über; vgl. z. B.:

Я зашёл к **больнóму** товáрищу.	Я зашёл к **больнóму.**
Ich besuchte den kranken Freund.	Ich besuchte den Kranken.

(Übergang vom Adjektiv zum Substantiv)

Вокрýг никогó нé было.	**Вокрýг** дóма óтдыха красúвый парк.
Rundum war niemand.	Rund um das Erholungsheim befindet sich ein schöner Park.

(Übergang vom Adverb zur Präposition)

Das Wort und seine Bestandteile

4 Ein Wort einer gebeugten Wortart kann in Bestandteile der Formbildung zerlegt werden.
Die *Endung* (sie steht am Wortende) ist der veränderliche Teil eines Wortes, der das Verhältnis dieses Wortes zu anderen Wörtern im Satz ausdrückt. Vgl. z. B.:
Сестр**á** помогáет брáт**у**. – Брат помогáет сестр**é**.
Сестр**á** помогáл**а** брáт**у**. – Брат помогáл сестр**é**.

Beachte:
Manche Wortformen sind endungslos, z. B.:
завóд (N. Sg.) gegenüber завóд**а**, завóд**у** usw.

5 Durch Abtrennung der Endung (und – gegebenenfalls – des formbildenden Suffixes – ↗ **6**) erhält man den *Stamm* eines Wortes. Der Stamm ist der unveränderliche Teil eines Wortes, durch den die lexikalische Bedeutung des betreffenden Wortes ausgedrückt wird, z. B.:

кáрт-а кáрт-ы кáрт-у	Stamm: карт-	нóв-ый нóв-ое нов-á	Stamm: нов-

Beachte:
Vor allem Verben weisen häufig zwei Stämme auf; von jedem der beiden Stämme wird ein bestimmter Kreis von Formen gebildet (↗ **163–165**).

6 Bestimmte Wortformen werden mit Hilfe eines (formbildenden) *Suffixes* gebildet, das an den Stamm des Wortes angefügt wird, z. B.:
нóв-ый: нов-éйш-ий (Suffix: -ейш-)
читáть: читá-вш-ий (Suffix: -вш-)

Die Hauptarten der Formbildung

7 Nach der Art der Formbildung unterscheidet man im Russischen vor allem

1. *einfache Formen*, die durch Endungen, durch Suffixe oder durch Suffixe und Endungen gebildet sind, z. B.:
   нóв**ая** кáрт**а**, нóв**ой** кáрт**ы**;
   прочитá**в**; нов**éйший**; читá**вший**;

2. *zusammengesetzte Formen*, die mit Hilfswörtern gebildet sind, z. B.:
   сáмый счастлúвый (день), (я) **бýду** читáть.

Der Lautwechsel

8 Sowohl bei der Formbildung als auch bei der Wortbildung tritt oft ein Lautwechsel (*Konsonanten-* oder *Vokalwechsel*) in den Wortstämmen auf.

9 Hauptarten des Konsonantenwechsels

Wechsel der Konsonantbuchstaben	Beispiele aus der Formbildung	
г, д, з – ж	дорого́й	– доро́же
	ходи́ть	– я хожу́
	вози́ть (fahren, bringen)	– я вожу́
к, т – ч	лёгкий	– ле́гче
	отве́тить v.	– я отве́чу
т – щ	посети́ть v.	– я посещу́
с, х – ш	писа́ть	– я пишу́
	ти́хий	– ти́ше
ск, ст – щ	иска́ть	– я ищу́
	просто́й	– про́ще
б – бл	люби́ть	– я люблю́
в – вл	дешёвый	– деше́вле
м – мл	знако́миться	– я знако́млюсь
п – пл	купи́ть v.	– я куплю́

Zum Konsonantenwechsel bei der Konjugation der Verben ↗ **169.1, 171** und **172.1.**

10 Hauptarten des Vokalwechsels

Wechsel der Vokalbuchstaben	Beispiele aus der Formbildung	
о – а	обрабо́тать v.	– обраба́тывать
е – ё	о́зеро – озёра,	нести́ – он нёс
	Vokalausfall[1]	Vokaleinschub[1]
о – –	стано́к – станка́	ма́рка – ма́рок
е – –	коне́ц – конца́	ло́жка – ло́жек

Beachte:

[1] Bei Ausfall oder Einschub von o/e spricht man auch von *flüchtigem o/e* (↗ **31, 41, 48, 69**).

Schreibregeln

11 Im Russischen unterscheidet man Wörter mit Stammauslaut auf *harten Konsonanten* und mit Stammauslaut auf *weichen Konsonanten.*
Die Weichheit eines Konsonanten wird in der Schrift gewöhnlich durch den darauffolgenden Buchstaben (ь oder я, ю, и, ё, е) bezeichnet, z. B.:
пионе́р – сле́сарь, газе́та – тётя, кни́жный – зи́мний.

12 Gleiche Deklinationsendungen werden – je nachdem, ob der Stamm des Wortes auf einen harten oder einen weichen Konsonanten auslautet, – unterschiedlich geschrieben. Folgende Vokalbuchstaben entsprechen sich:

Stammauslaut	Mögliche Vokalbuchstaben			
auf harten Konsonanten:	**а**	**у**	**ы**	**о**
auf weichen Konsonanten:	**я**	**ю**	**и**	**ё** (betont) oder **е** (unbetont)

13 *Nach г, к, х und Zischlauten* (*ж, ш, ч, щ*) wird stets **и** (nicht ы) geschrieben:
но́вые кни́ги (учё́бники, карандаши́, мячи́).

14 *Nach Zischlauten* (*ж, ш, ч, щ*) *und ц* wird in betonter Silbe **о**, in unbetonter Silbe **е** geschrieben, z. B.:
говори́ть с врачо́м (с продавцо́м – с това́рищем, с учени́цей).

15 *Substantive* werden im Russischen – zum Unterschied vom Deutschen – in der Regel *klein geschrieben.*

Beachte jedoch:

1. *Personennamen* und *geographische Eigennamen* werden groß geschrieben, z. B.:
Влади́мир **И**льи́ч **Л**е́нин, **С**ою́з **С**ове́тских **С**оциалисти́ческих **Р**еспу́блик.
Besteht ein Eigenname aus einer Wortgruppe, so werden die in ihr enthaltenen Gattungsnamen (мо́ре, о́зеро, река́, гора́, у́лица, пло́щадь) klein geschrieben, z. B.:
Балти́йское мо́ре, о́зеро **Б**айка́л, у́лица **Г**о́рького, **К**ра́сная пло́щадь.
2. Bezeichnungen der *höchsten* staatlichen und gesellschaftlichen *Einrichtungen in der UdSSR*, der bedeutendsten internationalen Organisationen sowie der höchsten Dienstbezeichnungen und Ehrentitel in der Sowjetunion werden in allen Teilen der Wortgruppe (mit Ausnahme des Wortes па́ртия) groß geschrieben, z. B.:
Центра́льный **К**омите́т **К**оммунисти́ческой па́ртии **С**ове́тского **С**ою́за, **С**ове́т **М**ини́стров **СССР**, **О**рганиза́ция **О**бъединённых **Н**а́ций, **Г**еро́й **С**ове́тского **С**ою́за.
3. Für die Bezeichnungen der *anderen zentralen und örtlichen Einrichtungen* gilt:
Das erste Wort der Wortgruppe und Eigennamen werden groß, alle anderen Wörter klein geschrieben, z. B.:
Акаде́мия нау́к **СССР**, **М**оско́вский госуда́рственный университе́т и́мени **М. В. Л**омоно́сова, **М**и́нский тра́кторный заво́д.

Substantiv

16 Ein Substantiv gehört in der Regel einem der drei Geschlechter an (männlich, weiblich oder sächlich) und wird dekliniert, das heißt, es bildet sechs Fälle (Nominativ, Genitiv, Dativ, Akkusativ, Instrumental, Präpositiv – ↗ **267–277**) im Singular und im Plural.

Geschlecht

17 Das Geschlecht der Substantive, die *Personen* bezeichnen, entspricht in der Regel ihrem natürlichen Geschlecht, z. B.:

(мой) па́па m., (наш) дя́дя m.; (дорога́я) Ке́рстин w.

18 Beachte:

1. Mitunter existiert zur Personenbezeichnung (nach Beruf, Dienststellung o. ä.) nur ein *männliches Substantiv*, das auch für *weibliche Personen* gebraucht wird, z. B.:
   бригади́р, врач, дире́ктор, това́рищ.
   In einem derartigen Fall stimmt ein adjektivisches Attribut mit dem grammatischen Geschlecht des Substantivs überein, z. B.:
   но́в**ый** дире́ктор Петро́ва — die neue Direktorin Petrowa
   Ist ein so gebrauchtes Substantiv Subjekt des Satzes, so nimmt ein im Präteritum stehendes verbales Prädikat die weibliche Form an; vgl. z. B.:
   Това́рищ Петро́в ушёл. — Genosse Petrow ist weggegangen.
   Това́рищ Петро́в**а** ушл**а́**. — Genossin Petrowa ist weggegangen.
2. Wenige Substantive sind *männlichen oder weiblichen Geschlechts* – je nachdem, ob sie eine männliche oder eine weibliche Person bezeichnen, z. B.:
   наш Ва́ля, на́ша Ва́ля; наш колле́га, на́ша колле́га.

19 Das Geschlecht der *anderen Substantive* ist aus der Endung des Nominativs Singular ersichtlich:

Geschlecht	Endung des Nominativs Singular		Beispiele	
männlich	**keine Endung**	–	заво́д	
		(-ь)	рубль	(G. Sg.: рубл**я́**)
		(-й)	музе́й	(G. Sg.: музе́**я**)
weiblich		**-а**	ка́рта	
		-я	неде́ля	
	keine Endung	(-ь)	тетра́дь	(G. Sg.: тетра́д**и**)
sächlich		**-о, -ё**	сло́во, бельё	
		-е	расписа́ние, пла́тье	

20 Beachte:

1. Substantive mit *Adjektivendungen* haben das gleiche Geschlecht wie die entsprechende Adjektivform, z. B.:
   (но́вая) ва́нная w., (на́ша) де́тская w.
2. Die wenigen Substantive auf -мя (моё и́мя, моско́вское вре́мя) sind sächlich.
3. *Undeklinierbare Substantive* (↗ **57**) sind in der Regel sächlich, z. B.:
   (зи́мнее) пальто́ s., (большо́е) фойе́ s., такси́ (свобо́дно) s., меню́ s.;
   Ausnahme: (горя́чий) ко́фе m.!
   Undeklinierbare Kurzwörter, die nach den Buchstabennamen gesprochen werden, haben das Geschlecht des Grundwortes der Wortgruppe, z. B.:
   СССР m. (vgl. **Сою́з** Сове́тских Социалисти́ческих Респу́блик),
   (Украи́нская) ССР w. (vgl. Украи́нская Сове́тская Социалисти́ческая **Респу́блика**),
   КПСС w. (vgl. Коммунисти́ческая **па́ртия** Сове́тского Сою́за).
   СССР был образо́ван 30 декабря́ 1922 го́да. — Die UdSSR wurde am 30. Dezember 1922 gegründet.

Deklinationstypen

21 Man unterscheidet im Singular *drei Haupttypen* der Substantivdeklination:

Deklinationstyp	Nominativ Singular der Substantive, die nach diesem Typ gebeugt werden	Beispiele
I. Deklination	→ **endungslose männliche Substantive** (Schriftbild: Konsonant, -ь, -й) → **sächliche Substantive auf -о, -ё, -е**	заво́д, нож, рубль, музе́й сло́во, бельё, расписа́ние, пла́тье
II. Deklination	**(vorwiegend weibliche) Substantive auf -а, -я**	ка́рта, неде́ля, па́ртия
III. Deklination (и-Deklination)	**endungslose weibliche Substantive** (Schriftbild: -ь)	тетра́дь, молодёжь

22 Außerdem lassen sich folgende *besondere Deklinationsarten* unterscheiden:

1. die Deklination der Substantive mit Adjektivendungen – diese werden wie Adjektive (↗ **59–66**) gebeugt, z. B.:

	G. Sg.	N. Pl.
(молодо́й) рабо́чий:	молодо́го рабо́**чего**;	молоды́е рабо́**чие**
(но́вая) ва́нная:	но́вой ва́**нной**;	но́вые ва́**нные**;

2. die Deklination der Familiennamen auf -ов(а), -ев(а), -ин(а), -ын(а) (↗ **53**);
3. die Deklination der wenigen sächlichen Substantive auf -мя (↗ **55**), z. B.:
   вре́мя: D. Sg. по моско́вскому вре́**мени**.

23 Innerhalb der Haupttypen der Substantivdeklination wird unterschieden zwischen
1. Substantiven mit Stammauslaut auf *harten Konsonanten* und
2. Substantiven mit Stammauslaut auf *weichen Konsonanten*.
Je nachdem, ob der Stamm des Wortes auf einen harten oder einen weichen Konsonanten auslautet, werden gleiche Deklinationsendungen unterschiedlich geschrieben (↗ **12**).

Belebte und unbelebte Substantive

24 Im Russischen unterscheidet man belebte und unbelebte Substantive.
Zu den belebten Substantiven gehören Personen- und Tierbezeichnungen: колхóзник, колхóзница; собáка (Hund), лóшадь (Pferd), живóтное (Tier). Die anderen Substantive gelten als unbelebt.

25 Die Unterscheidung belebter und unbelebter Substantive ist für die *Bildung des Akkusativs* von Bedeutung, denn:

1. Der Akkusativ Singular der belebten Substantive der I. Deklination ist gleich dem Genitiv Singular.
   Der Akkusativ Singular der unbelebten Substantive der I. Deklination und aller Substantive der III. Deklination ist gleich dem Nominativ Singular.
2. Der Akkusativ Plural
   – aller belebten Substantive ist dem Genitiv Plural gleich,
   – aller unbelebten Substantive ist dem Nominativ Plural gleich.

Zum Beispiel:

ви́деть *когó*?	ви́деть *что*?	
– бригади́р**а** (бригади́р**ов**)	– завóд (завóд**ы**)	*I. Dekl.*
	здáни**е** (здáни**я**)	
– учени́ц**у** (учени́ц)	– шкóл**у** (шкóл**ы**)	*II. Dekl.*
– мать (матер**éй**)	– плóщадь (плóщад**и**)	*III. Dekl.*

26 Die oben angegebenen Regeln gelten sinngemäß auch für Substantive mit Adjektivendungen, z. B.:

ви́деть *когó*?	ви́деть *что*?
– знакóм**ого** (знакóм**ых**)	– морóжен**ое**
– пионервожáт**ую** (пионервожáт**ых**)	– мастерск**ýю** (мастерск**и́е**)

I. Deklination — Männliche Substantive

27

Stamm-auslaut auf:	harte Konsonanten (außer ж, ш)		Zischlaute	weiche Konsonanten (außer ч, щ) -ь	-й
Sg. N.	заво́д		эта́ж	рубль	музе́й
G.	заво́д	а	этажа́	рубля́	музе́я
D.	заво́д	у	этажу́	рублю́	музе́ю
A.	заво́д		эта́ж	рубль	музе́й
I.	заво́д	ом	этажо́м[2]	рублём[3]	музе́ем
P.	(о) заво́д	е	(об) этаже́	(о) рубле́	(о) музе́е
Pl. N.	заво́д	ы[1]	этажи́[1]	рубли́	музе́и
G.	заво́д	ов	этаже́й	рубле́й	музе́ев[3]
D.	заво́д	ам	этажа́м	рубля́м	музе́ям
A.	заво́д	ы[1]	этажи́[1]	рубли́	музе́и
I.	заво́д	ами	этажа́ми	рубля́ми	музе́ями
P.	(о) заво́д	ах	(об) этажа́х	(о) рубля́х	(о) музе́ях

28 Beachte die Schreibregeln (↗ **12–14**):

[1] Nach г, к, х und Zischlauten schreibe и (nicht ы), z. B.:
универма́г: N. Pl. универма́г**и**; каранда́ш: N. Pl. карандаш**и́**.

[2] Nach Zischlauten und ц schreibe betont о, unbetont е, z. B.:
каранда́ш: I. Sg. карандаш**о́м**; това́рищ: I. Sg. това́рищ**ем**;
дворе́ц: G. Pl. дворц**о́в**; ме́сяц: G. Pl. ме́сяц**ев**.

[3] Nach weichem Konsonanten schreibe betont ё, unbetont е, z. B.:
секрета́рь: I. Sg. секретар**ём**; строи́тель: I. Sg. строи́тел**ем**.

29 Der Akkusativ belebter Substantive ist gleich dem Genitiv (↗ **25**), z. B.:
Я ви́жу бригади́р**а** (бригади́р**ов**), го́ст**я** (гост**е́й**).

30 Zahlreiche ein- und zweisilbige männliche Substantive haben bewegliche Betonung:
1. Betonung auf der Endung ab Genitiv Singular, z. B.:
врач, -а́; кружо́к, -жка́ (↗ auch **31**); янва́рь, -я́;
2. Betonung im Singular auf dem Stamm, im Plural auf der Endung, z. B.:
го́род, -а; -а́, -о́в (↗ auch **34**).

31 *Flüchtige -o- und -e-*

Der vor stammauslautendem Konsonant stehende Vokal -o- oder -e- (-ё-) fällt häufig ab Genitiv Singular aus, z. B.:

двор**е́**ц:	дворца́	кон**е́**ц:	конца́	от**е́**ц:	отца́
д**е**нь:	дня	кост**ё**р:	костра́	пода́р**о**к:	пода́рка
знач**о́**к:	значка́	круж**о́**к:	кружка́	стан**о́**к:	станка́

комсомо́л**е**ц: комсомо́льца (und andere Wörter mit dem Suffix -ец)

32 *Genitiv Singular auf -у (-ю)*

Einige unbelebte männliche Substantive können im Genitiv Singular neben der regelmäßigen Endung -а (-я) die Endung -у (-ю) haben, jedoch nur in der Bedeutung des Teilungsgenitivs (↗ **268.2, 273**), z. B.:

наро́д: наро́д**а**	und	наро́д**у**	сыр: сы́р**а**	und	сы́р**у**
са́хар: са́хар**а**	und	са́хар**у**	чай: ча́**я**	und	ча́**ю**

33 *Präpositiv Singular auf -у́ (-ю́)*

Einige unbelebte männliche Substantive haben im Präpositiv Singular nach den Präpositionen в und на – vorwiegend zur Ortsangabe (где?) – die betonte Endung -у́ (-ю́), z. B.:

бе́рег: на берег**у́**	лес: в лес**у́**	порт: в порт**у́**
год: в (э́том) год**у́**	мост: на мост**у́**	шкаф: в (на) шкаф**у́**

ebenso einige Eigennamen, z. B.: Крым: в Крым**у́**; Дон: на Дон**у́**

34 *Nominativ Plural auf -а́ (-я́)*

Einige männliche Substantive mit beweglicher Betonung (↗ **30.2**) haben im Nominativ Plural die betonte Endung -а́ (-я́), z. B.:

а́дрес: адрес**а́**	го́род: город**а́**	о́круг: округ**а́**
бе́рег: берег**а́**	дом: дом**а́**	по́езд: поезд**а́**
глаз: глаз**а́**	ма́стер: мастер**а́**	учи́тель: учител**я́** (фи́зики)

35 *Endungsloser Genitiv Plural*

Einige männliche Substantive sind im Genitiv Plural endungslos, z. B.:

N. Sg.	N. Pl.	G. Pl.
глаз:	глаза́	– (из) глаз
(кило)гра́мм:	(кило)гра́ммы	– (пять) (кило)гра́мм
солда́т:	солда́ты	– (мно́го) солда́т
челове́к:	(лю́ди)	– (пять) челове́к (nur nach Zahlwörtern, sonst: люде́й)

Substantive mit Stammveränderung im Plural

36 Muster: крестья́нин – крестья́не

Männliche Substantive mit dem Suffix -янин (-анин) bilden den Plural ohne -ин; der Nominativ hat die Endung -е, der Genitiv ist endungslos, z. B.:

N. Sg.	N. Pl.	G. Pl.	D. Pl.
крестья́н**ин**:	крестья́н**е**	– крестья́н	– крестья́н**ам**
граждан**и́н**:	гра́ждан**е**	– гра́ждан	– гра́ждан**ам**

37 Muster: брат – бра́тья

Einzelne männliche Substantive, deren Stamm im Singular auf harten Konsonanten auslautet, haben im Plural Stammerweiterung (N. Pl. **-ья**; ↗ auch **43**), z. B.:

N. Sg.	N. Pl.	G. Pl.	D. Pl.
брат:	бра́т**ья**	– бра́т**ьев**	– бра́т**ьям**
друг:	друз**ья́**	– друз**е́й**	– друз**ья́м**
стул:	сту́л**ья**	– сту́л**ьев**	– сту́л**ьям**

I. Deklination — Sächliche Substantive

38

Stammauslaut auf:	harte Konsonanten und ч, щ		weiche Konsonanten
	-о		-ие
Sg. N.	сло́в	**о**[1]	зда́ние[2]
G.	сло́в	**а**	зда́ния
D.	сло́в	**у**	зда́нию
A.	сло́в	**о**[1]	зда́ние[2]
I.	сло́в	**ом**[1]	зда́нием[2]
P.	(о) сло́в	**е**	(о) зда́нии[3]
Pl. N.	слов	**а́**	зда́ния
G.	слов		зда́ний
D.	слов	**а́м**	зда́ниям
A.	слов	**а́**	зда́ния
I.	слов	**а́ми**	зда́ниями
P.	(о) слов	**а́х**	(о) зда́ниях

39 Beachte die Schreibregeln (↗ **12, 14**):

[1] Nach Zischlauten und ц schreibe betont о, unbetont е, z. B.:
яйцо́: I. Sg. яйц**о́м**; учи́лище: I. Sg. учи́лищ**ем**.

[2] Nach weichem Konsonanten schreibe betont ё, unbetont е, z. B.:
бельё: I. Sg. бель**ём**; мо́ре: I. Sg. мо́р**ем**.

Beachte ferner:

[3] Substantive, die im Nominativ Singular auf -е (nicht -ие) auslauten, haben im Präpositiv Singular die Endung -е, z. B.:
мо́ре: P. Sg. (о) мо́р**е**; пла́тье: P. Sg. (о) пла́ть**е**.

40 Einige zweisilbige Substantive haben bewegliche Betonung:

1. Betonung im Singular auf dem Stamm, im Plural auf der Endung, z. B.:
   де́ло, -а; -а́   ме́сто, -а; -а́
2. Betonung im Singular auf der Endung, im Plural auf dem Stamm, z. B.:
   письмо́, -а́; -а   село́, -а́; сёла

41 *Flüchtige -o- und -e- im endungslosen Genitiv Plural*

Lautet ein sächliches Substantiv im Stamm auf zwei Konsonanten aus, so wird im endungslosen Genitiv Plural zwischen diese beiden Konsonanten mitunter ein flüchtiges -o- oder -e- eingeschoben, z. B.:

N. Sg.	N. Pl.	G. Pl.
окно́:	о́кна	– (мно́го) о́к**о**н
кре́сло:	кре́сла	– (о́коло) кре́с**е**л
письмо́:	пи́сьма	– (не́сколько) пи́с**е**м
яйцо́:	я́йца	– (пять) я**и́**ц (!)

Beachte jedoch, daß bei Wörtern mit dem Suffix -ств-о kein Vokaleinschub stattfindet, z. B.:

правительство: прави́тельства – (мно́го) прави́тельств.

42 *Abweichender Genitiv Plural*

Einzelne sächliche Substantive haben im Genitiv Plural eine Endung (-ов, -ев oder -ей), z. B.:

N. Sg.	N. Pl.	G. Pl.
очко́:	очки́ (!)	– (два́дцать) очк**о́в**
пла́тье:	пла́тья	– (мно́го) пла́ть**ев**
мо́ре:	моря́	– мор**е́й**
по́ле (Feld):	поля́	– (не́сколько) пол**е́й**

43 *Substantive mit Stammveränderung im Plural*

Muster: де́рево – дере́вья

Einzelne sächliche Substantive, deren Stamm im Singular auf harten Konsonanten auslautet, haben im Plural Stammerweiterung (N. Pl. -ья; ↗ auch **37**), z. B.:

N. Sg.	N. Pl.	G. Pl.	D. Pl.
де́рево:	дере́в**ья**	– дере́в**ьев**	– дере́в**ьям**
крыло́ (Flügel):	кры́л**ья**	– кры́л**ьев**	– кры́л**ьям**

II. Deklination

44

Stammauslaut auf:	harte Konsonanten und ч, щ		weiche Konsonanten	
	-а		-я	-ия
Sg. N.	ка́рт	а	неде́ля	па́ртия
G.	ка́рт	ы[1]	неде́ли	па́ртии
D.	ка́рт	е	неде́ле	па́ртии
A.	ка́рт	у	неде́лю	па́ртию
I.	ка́рт	ой[2]	неде́лей[3]	па́ртией
P.	(о) ка́рт	е	(о) неде́ле	(о) па́ртии
Pl. N.	ка́рт	ы[1]	неде́ли	па́ртии
G.	карт		неде́ль	па́ртий
D.	ка́рт	ам	неде́лям	па́ртиям
A.	ка́рт	ы[1]	неде́ли	па́ртии
I.	ка́рт	ами	неде́лями	па́ртиями
P.	(о) ка́рт	ах	(о) неде́лях	(о) па́ртиях

45 Beachte die Schreibregeln (↗ **12–14**), z. B.:

[1] Nach г, к, х und Zischlauten schreibe и (nicht ы), z. B.:
доро́га: G. Sg., N. Pl. доро́г**и**; библиоте́ка: G. Sg., N. Pl. библиоте́к**и**;
ра́туша: G. Sg., N. Pl. ра́туш**и**; переда́ча: G. Sg., N. Pl. переда́ч**и**.

[2] Nach Zischlauten und ц schreibe betont о, unbetont е, z. B.:
ра́туша: I. Sg. ра́туш**ей**; гости́ница: I. Sg. гости́ниц**ей**.

[3] Nach weichem Konsonanten schreibe betont ё, unbetont е, z. B.:
статья́: I. Sg. стать**ёй**; дере́вня: I. Sg. дере́вн**ей**.

46 Der Akkusativ Plural belebter Substantive ist gleich dem Genitiv Plural (↗ **25**), z. B.:
я ви́жу учени́ц, колхо́зниц.

47 Einige zweisilbige Substantive haben bewegliche Betonung:

1. Betonung im Singular auf der Endung, im Plural auf dem Stamm, z. B.:
   война́, -ы́; -ы, войн, во́йнам   страна́, -ы́; -ы, стран, стра́нам
2. Betonung auf der Endung, nur im Akkusativ Singular, Nominativ und Genitiv Plural auf dem Stamm, z. B.:
   гора́, -ы́, го́ру; го́ры, гор, гора́м
   среда́, -ы́, сре́ду; сре́ды, сред, сре́да́м

48 *Flüchtige -о- und -е- im endungslosen Genitiv Plural*

Lautet ein Substantiv im Stamm auf zwei Konsonanten aus, so wird im endungslosen Genitiv Plural zwischen diese beiden Konsonanten häufig ein flüchtiges -о- oder -е- eingeschoben:

1. Steht vor к ein harter Konsonant (außer ж, ш), so wird -o-, sonst wird -e- eingeschoben, z. B.:

комсомо́лка:	комсомо́л**о**к	пионе́рка:	пионе́р**о**к
ма́рка:	ма́р**о**к	пласти́нка:	пласти́н**о**к
остано́вка:	остано́в**о**к	посы́лка:	посы́л**о**к
откры́тка:	откры́т**о**к	трактори́стка:	трактори́ст**о**к
де́вочка:	де́воч**е**к	копе́йка:	копе́**е**к

2. Merke ferner: ба́шня: ба́ш**е**н; дере́вня: дереве́**нь**; пе́сня: пе́с**е**н; сестра́: сестёр; семья́: сем**е́й**; статья́: стат**е́й**.

III. Deklination

49

Stamm-auslaut auf:	weiche Konsonanten und ж, ш -ь	
Sg. N.	тетра́д	**ь**
G.	тетра́д	**и**
D.	тетра́д	**и**
A.	тетра́д	**ь**
I.	тетра́д	**ью**
P.	(о) тетра́д	**и**
Pl. N.	тетра́д	**и**
G.	тетра́д	**ей**
D.	тетра́д	**ям**[1]
A.	тетра́д	**и**
I.	тетра́д	**ями**[1]
P.	(о) тетра́д	**ях**[1]

[1] Beachte:
Nach Zischlaut schreibe а (nicht я), z. B.: ночь: D. Pl. ноч**а́м**.

50 Nach der III. oder и-Deklination werden u. a. weibliche Substantive mit dem Suffix -ость (z. B. но́вость, промы́шленность) gebeugt, ferner die Grundzahlwörter 5–20, 30 (z. B. пять, -и́; во́семь, восьми́, восемью́).

51 Beachte die Deklination von

1. мать und дочь (Stammerweiterung um -ер-):
   Sg.: N./A. дочь – G./D./P. до́чери – I. до́черью;
   Pl.: N. до́чери – G./A. дочере́й – D. дочеря́м – I. дочер**ьми́**(!) – P. (о) дочеря́х.
   Auch der Instrumental Plural von де́ти und лю́ди lautet дет**ьми́** bzw. люд**ьми́**.
2. путь (m.!): G./D./P. пути́ – I. пут**ём** (!).

52 Einige Substantive haben bewegliche Betonung; sie sind ab Genitiv Plural endungsbetont, z. B.: пло́щадь, -и; -и, -е́й, -я́м.

Besondere Deklinationsarten

Deklination der Familiennamen auf -ов(а), -ев(а); -ин(а), -ын(а)

53 *Familiennamen* auf -ов(а), -ев(а); -ин(а), -ын(а) werden teils wie Substantive, teils wie Adjektive dekliniert.

Musterwort: Ивано́в, Ивано́ва; Ивано́вы (die Iwanows, die Familie Iwanow)

Fälle	Singular männl. Namensform		Singular weibl. Namensform		Plural	
N.	Ивано́в		Ивано́в	а	Ивано́в	ы
G.	Ивано́в	а	Ивано́в	ой	Ивано́в	ых
D.	Ивано́в	у	Ивано́в	ой	Ивано́в	ым
A.	Ивано́в	а	Ивано́в	у	Ивано́в	ых
I.	Ивано́в	ым	Ивано́в	ой	Ивано́в	ыми
P.	(об) Ивано́в	е	(об) Ивано́в	ой	(об) Ивано́в	ых

Ebenso: Фаде́ев; Пу́шкин, Ре́пин u. a.

54 Beachte:
Ortsnamen auf -ов(о), -ев(о); -ин(о), -ын(о) werden regelmäßig wie Substantive der I. Deklination gebeugt, z. B.:
Ки́ев: за Ки́евом, в Ки́еве.
Ebenso: Ха́рьков, Кишинёв; Кали́нин, Бородино́ u. a.

55 Deklination der Substantive auf -мя

Die wenigen sächlichen Substantive auf -мя weisen eine besondere Deklination auf, z. B.:

	N./A.	G.	D.	I.	P.
Sg.:	и́мя	– и́мени	– и́мени	– и́менем	– (об) и́мени
Pl.:	имена́	– имён	– имена́м	– имена́ми	– (об) имена́х

Ebenso: вре́мя (Pl.: времена́) u. a.

56 Zur Deklination von Substantiven, die als Appositionen verwendet werden

Ein Substantiv, das als Apposition verwendet wird, stimmt in der Regel mit seinem Beziehungswort im Fall überein, z. B.:
в го́роде Москве́, ме́жду река́ми О́бью и Енисе́ем, в ваго́не-рестора́не.
Jedoch stimmen folgende Substantive mit ihrem Beziehungswort gewöhnlich *nicht* überein:

1. in Anführungszeichen eingeschlossene Namen und Titel, z. B.:
   рабо́тать на фа́брике «Кра́сный Октя́брь»; корреспонде́нт журна́ла «Огонёк»;
2. geographische Namen (abgesehen von Orts- und Flußnamen), z. B.:
   на о́зере Байка́л, у горы́ Казбе́к.

Undeklinierbare Substantive

57 Einige Substantive – vorwiegend nichtrussischer Herkunft – sind undeklinierbar. Vgl. z. B.:
Вчера́ мы бы́ли в па́рке, в музе́е, в кино́.
Он вы́пил ча́шку горя́чего молока́, горя́чего ко́фе.
Мы ждём Никола́я Воронца́, Тама́ру Вороне́ц, Ка́рин Шульц.
Hierher gehören vor allem:

1. Fremdwörter und nichtrussische Eigennamen, die auf einen Vokal ausgehen, z. B.:
   кака́о, кило́, кино́, метро́, пальто́; ко́фе, купе́; такси́; меню́; Баку́, Тбили́си; Гёте (Goethe);
2. Kurzwörter, die nach den Buchstabennamen gesprochen werden (↗ **303.2** b), z. B.:
   СССР, ВЛКСМ, ССНМ;
3. Vor- und Familiennamen, die auf einen Konsonanten ausgehen und weibliche Personen bezeichnen, z. B.:
   Тама́ра Вороне́ц – Тама́ры Вороне́ц, А́нна Шмидт – А́нны Шмидт, Ка́рин Шульц – Ка́рин Шульц.

Adjektiv

58 Nach ihrer Bedeutung unterscheidet man:

1. *Qualitätsadjektive*, die eine Eigenschaft unmittelbar benennen, z. B.:
   но́вый шкаф, **интере́сная** кни́га, **большо́е** зда́ние.
   Einem Qualitätsadjektiv entspricht im Deutschen meist ein Adjektiv.
2. *Beziehungsadjektive*, die eine Eigenschaft durch Bezug auf einen anderen Begriff (von dessen Namen sie abgeleitet sind) ausdrücken, z. B.:
   кни́жный шкаф (кни́жный abgeleitet von кни́г-а) – **Bücher**schrank
   де́тская кни́га (де́тский abgeleitet von де́т-и) – **Kinder**buch
   Einem russischen Beziehungsadjektiv entspricht im Deutschen häufig das Bestimmungswort eines zusammengesetzten Wortes.

Lang- und Kurzformen

Deklination der Langformen

59 Nach dem Stammauslaut unterscheidet man:

1. Adjektive mit *hartem Stammauslaut* (↗ **61–63**), z. B.:
   но́вый (заво́д); молодо́й (те́хник);
2. Adjektive mit *weichem Stammauslaut* (↗ **64–66**), z. B.:
   зи́мний (день); ле́тняя (пого́да).

60 Für die Deklination aller Adjektive gilt:

1. Die männlichen und die sächlichen Formen der Adjektive weisen im Singular – abgesehen vom Nominativ/Akkusativ – die gleiche Deklination auf, z. B.:
   перед но́**вым** универма́гом (зда́нием).
   Im Plural werden Geschlechter nicht unterschieden, z. B.:
   но́**вые** журна́лы (газе́ты, пи́сьма).
2. Die männliche Form des Akkusativs Singular sowie die Form des Akkusativs Plural sind dem Nominativ gleich, wenn das Beziehungswort ein unbelebtes Substantiv ist; sie ist dem Genitiv gleich, wenn das Beziehungswort ein belebtes Substantiv ist; vgl. z. B.:
   Мы ви́дели { но́**вый** журна́л (но́**вые** журна́**лы**).
   Мы ви́дели { но́**вого** това́рищ**а** (но́**вых** това́рищ**ей**).
3. Die Langformen des Adjektivs haben feste Betonung auf dem Stamm oder auf der Endung, z. B.:
   но́вый, но́вого usw.; родно́й, родно́го usw.

Adjektive mit hartem Stammauslaut (Musterwort: нóвый, -ая, -ое)

61

Fälle	Singular m.	s.	w.	Plural alle Geschlechter
N.	нóв **ый**[1,3]	нóв **ое**	нóв **ая**	нóв **ые**[3]
G.	нóв **ого**[2]		нóв **ой**	нóв **ых**[3]
D.	нóв **ому**		нóв **ой**	нóв **ым**[3]
A.	N./G. (**60.2**)	нóв **ое**	нóв **ую**	N./G. (**60.2**)
I.	нóв **ым**[3]		нóв **ой**	нóв **ыми**[3]
P.	(о) нóв **ом**		(о) нóв **ой**	(о) нóв **ых**[3]

62 Beachte:

[1] Die männliche Form des Singulars hat die Endung -ый, wenn das Wort stammbetont ist; ist die Endung betont, so lautet sie -óй; vgl. z. B.: вáжн**ый**, интерéсн**ый**, aber: родн**óй**, дорог**óй**.

[2] In der Genitivendung -ого wird г als [в] gesprochen.

[3] Nach г, к, х und Zischlaut schreibe и (nicht ы) (↗ **13**), z. B.:
вели́кий: I. Sg. (m.) вели́**ким** – Pl. вели́**кие** usw.
большóй: I. Sg. (m.) больш**и́м** – Pl. больш**и́е** usw.

63 Nach diesem Muster werden auch dekliniert:

– die Ordnungszahlwörter und einige Pronomen, z. B.:
пя́т**ая** шкóла; жить на двадцáт**ом** этажé; котóрый час;

– Substantive mit Adjektivendungen, z. B.:
пионервожáт**ый** (m.): говори́ть с пионервожáт**ым**;
морóжен**ое** (s.): две пóрции морóжен**ого**;

– die Partizipien des Präsens und des Präteritums Passiv, z. B.:
изучáем**ый** вопрóс; закáзанн**ый** билéт; откры́т**ая** дверь.

Adjektive mit weichem Stammauslaut (Musterwort: зи́мний, -яя, -ее)

64

Fälle	Singular m.	s.	w.	Plural alle Geschlechter
N.	зи́мний	зи́мнее	зи́мняя[2]	зи́мние
G.	зи́мнего[1]		зи́мней	зи́мних
D.	зи́мнему		зи́мней	зи́мним
A.	N./G. (**60.2**)	зи́мнее	зи́мнюю[2]	N./G. (**60.2**)
I.	зи́мним		зи́мней	зи́мними
P.	(о) зи́мнем		(о) зи́мней	(о) зи́мних

65 Beachte:

[1] In der Genitivendung -его wird г als [в] gesprochen.

[2] Nach Zischlaut schreibe а (nicht я) bzw. у (nicht ю), z. B.:
горя́ч**ая** водá, горя́ч**ую** вóду.

66 Nach diesem Muster werden auch dekliniert:
- die stammbetonten Adjektive mit Stammauslaut auf Zischlaut, z. B.: горя́чий, сле́дующий, хоро́ший;
- Substantive mit Adjektivendungen, z. B.: молодо́й рабо́чий; молоды́е рабо́чие;
- die Partizipien des Präsens und des Präteritums Aktiv, z. B.: чита́ющий ма́льчик; прие́хавшая делега́ция.

Bildung der Kurzformen

67 Von den meisten Qualitätsadjektiven können Kurzformen gebildet werden. Sie werden vom Stamm des Adjektivs abgeleitet und sind nur nach Geschlecht und Zahl veränderlich.

Endungen der Kurzformen

68

Stammauslaut auf harten Konsonanten	Singular m.	w.	s.	Plural alle Geschlechter
	нов	нов **á**	нóв **о**	нóв **ы́**

Entsprechend: высо́кий: высо́к высока́ высо́ко́ высо́ки́ (↗ 13)
похо́жий: похо́ж похо́жа похо́же похо́жи (↗ 13, 14)

69 Beachte:
Lautet der Stamm eines Adjektivs auf zwei Konsonanten aus und ist der letzte ein к oder н, so wird in der männlichen Kurzform oft flüchtiges -o- oder -e- eingeschoben, z. B.:

коро́ткий:	ко́ро́ток, коротка́, ко́ро́тко́	у́зкий:	у́зок, узка́, -о
больно́й:	бо́лен, больна́, -о́	интере́сный:	интере́сен, интере́сна, -о
изве́стный:	изве́стен, изве́стна, -о	согла́сный:	согла́сен, согла́сна, -о

Gebrauch der Lang- und der Kurzformen

70 Die *Langformen* der Adjektive werden vor allem gebraucht:
1. als *Attribut*, das mit seinem Beziehungswort in Geschlecht, Zahl und Fall übereinstimmt, z. B.:

Свобо́дное вре́мя я ча́сто провожу́ в но́вом клу́бе.	Die Freizeit verbringe ich oft im neuen Klub.

Beachte:
Beziehen sich mehrere Adjektive auf ein Substantiv und bezeichnen diese Attribute verschiedene Arten einer Erscheinung, so steht das Beziehungswort – abweichend vom Deutschen – in der Regel im Plural, z. B.:
ру́сский и англи́йский языки́ – die russische und die englische Sprache

2. als *Prädikat*, und zwar mit den Formen von быть (die im Präsens fehlen) oder стать v./станови́ться. Dabei stimmen Adjektiv und Verbform mit ihrem Beziehungswort in Geschlecht und Zahl überein; das Adjektiv steht ohne Verbform im Nominativ, sonst meist im Instrumental. Zum Beispiel:

Э́тот чемода́н тяжёл**ый**.	Dieser Koffer ist schwer.
Рабо́та бу́дет нелёгк**ой**.	Die Arbeit wird nicht leicht sein.
Он стано́вится взро́сл**ым**.	Er wird erwachsen.

71 Die *Kurzformen* der Adjektive werden mit den Formen von быть stets als *Prädikat* gebraucht; dabei stimmen Adjektiv und Verbform mit dem Subjekt des Satzes in Geschlecht und Zahl überein.

1. Mitunter werden die Kurzformen ohne Bedeutungsunterschied neben den Langformen verwendet, z. B.:

Э́та статья́ о́чень { интере́сн**ая**. / интере́сн**а**. }	Dieser Artikel ist sehr interessant.

Manchmal drücken die Kurzformen – zum Unterschied von den Langformen – einen zeitlich begrenzten Zustand aus, z. B.:

Мать больн**а́**.	Die Mutter ist krank.
Мать больн**а́я**.	Die Mutter ist leidend.

2. Die Kurzformen werden stets verwendet:
– um das Übermaß einer Eigenschaft («zu, allzu») auszudrücken, z. B.:

Э́та ша́пка мне велик**а́** (мал**а́**).	Diese Mütze ist mir zu groß (zu klein).
Э́то пла́тье мне длинн**о́** (ко́ро́тк**о́**).	Dieses Kleid ist mir zu lang (zu kurz).

– wenn von ihnen ein Objekt oder eine Adverbialbestimmung abhängt, z. B.:

Я с ва́ми (не) согла́сен (-сна).	Ich bin mit Ihnen (nicht) einverstanden.
Москва́ краси́ва **во все времена́ го́да.**	Moskau ist zu allen Jahreszeiten schön.

– wenn э́то oder die Höflichkeitsform вы als Subjekt steht, z. B.:

Э́то о́чень интере́сно.	Das ist sehr interessant.
Вы о́чень за́няты?	Sind Sie sehr beschäftigt?

Beachte:
Einzelne Adjektive haben nur Kurzformen, z. B. рад(-а):

Я рад(-а) вас ви́деть.	Ich freue mich, Sie zu sehen.

Steigerung

72 Steigerungsformen – Komparativ- und Superlativformen – können von den meisten Qualitätsadjektiven (↗ **58.1**) gebildet werden. Nach ihrer Bildung unterscheidet man *zusammengesetzte* und *einfache Steigerungsformen* (↗ 7); diese werden teils als Attribut, teils als Prädikat gebraucht. Vgl. z. B.:

Steigerungsformen	vorwiegend attributiver Gebrauch		vorwiegend prädikativer Gebrauch
Positiv		интере́сный der interessante	интере́сен, -сна interessant
Komparativ	**бо́лее**	интере́сный der interessantere	интере́снее interessanter
Superlativ	**са́мый**	интере́сный der interessanteste интере́снейший	интере́снее **всего́ (всех)** am interessantesten

Komparativ

Zusammengesetzte Komparativformen

73 Unveränderliches бо́лее (ме́нее) tritt vor den Positiv des Adjektivs.

Dieser stimmt mit seinem Beziehungswort überein. Zum Beispiel:

бо́лее (ме́нее) ва́жный вопро́с — **бо́лее** высо́кое зда́ние
бо́лее совреме́нная те́хника — **бо́лее** эффекти́вные ме́тоды

74 Zusammengesetzte Komparativformen werden häufiger *attributiv*, seltener prädikativ gebraucht, z. B.:

Тепе́рь мы живём в бо́лее удо́бной кварти́ре, чем ра́ньше.	Wir haben jetzt eine bessere Wohnung als früher.
Э́тот вопро́с бо́лее ва́жный (oder: бо́лее ва́жен).	Diese Frage ist wichtiger.

Einfache Komparativformen

75 An den Adjektivstamm wird -ee (umgangssprachlich: -ей) angefügt.

Die Betonung dieser unveränderlichen Komparativform entspricht der weiblichen Kurzform des Positivs, z. B.:

акти́вный (-на):	акти́внее	краси́вый (-ва):	краси́вее
ва́жный (-на́):	важне́е	тёплый (-ла́):	тепле́е
дли́нный (-на́):	длинне́е	холо́дный (-на́):	холодне́е

76 Beachte die unregelmäßigen Komparativformen der Adjektive (und Adverbien):

бли́зкий (бли́зко): nah	**бли́же**	молодо́й:	**моло́же**
большо́й (мно́го):	**бо́льше**	ни́зкий (ни́зко): niedrig	**ни́же**
высо́кий (высо́ко́):	**вы́ше**	плохо́й (пло́хо):	**ху́же**
гро́мкий (гро́мко): laut	**гро́мче**	по́здний (по́здно):	**по́зже**
далёкий (далеко́):	**да́льше**	просто́й (про́сто): einfach	**про́ще**
дешёвый (дёшево):	**деше́вле**	ра́нний (ра́но):	**ра́ньше**
дорого́й (до́рого):	**доро́же**	ста́рый:	**ста́рше**
коро́ткий (ко́ро́тко́):	**коро́че**	ти́хий (ти́хо): still	**ти́ше**
лёгкий (легко́):	**ле́гче**	хоро́ший (хорошо́):	**лу́чше**
ма́ленький (ма́ло):	**ме́ньше**	широ́кий (широ́ко́):	**ши́ре**

77 Wenige deklinierte Komparativformen auf -ш- haben teils Komparativ-, teils Superlativbedeutung:

бо́льший – größerer
вы́сший – höherer; höchster
лу́чший – besserer; bester
ста́рший – älterer; ältester
ме́ньший – kleinerer
ни́зший – niedrigerer; niedrigster
ху́дший – schlechterer; schlechtester
мла́дший – jüngerer; jüngster

Лу́чшего дру́га не найдёшь.	Einen besseren Freund findest du nicht.
Пе́тя – лу́чший учени́к в кла́ссе.	Petja ist der beste Schüler in der Klasse.
ста́рший брат	der älteste (oder: ältere) Bruder

78 Einfache unveränderliche Komparativformen werden vorwiegend *prädikativ* gebraucht, z. B.:

Во́лга длинне́е Днепра́.	Die Wolga ist länger als der Dnepr.
Мой брат на два го́да моло́же (ста́рше) меня́.	Mein Bruder ist zwei Jahre jünger (älter) als ich.
На́ша но́вая кварти́ра бо́льше, чем ста́рая.	Unsere neue Wohnung ist größer als die alte.

Gelegentlich werden solche Formen auch *attributiv* verwendet; sie stehen nach ihrem Beziehungswort. Zum Beispiel:

Да́йте мне, пожа́луйста, ша́пку на разме́р бо́льше (ме́ньше).	Geben Sie mir bitte eine Mütze, die eine Nummer größer (kleiner) ist.

79 *„als“ beim Komparativ*

Deutschem «als» beim Komparativ entspricht im Russischen gewöhnlich:
1. чем (nach Komma) – bei zusammengesetzten Komparativformen:
   Тепе́рь мы живём в бо́лее удо́бной кварти́ре, **чем** ра́ньше.
2. der Genitiv des Vergleichsworts – bei einfachen Komparativformen:
   Во́лга длинне́е **Днепра́**. Мой брат на два го́да моло́же **меня́**. Мой оте́ц ста́рше **твоего́**.

Superlativ

Zusammengesetzte Superlativformen

80 1. са́мый tritt vor den Positiv des Adjektivs.

Beide Bestandteile des Superlativs stimmen mit ihrem Beziehungswort überein, z. B.:

са́мый ва́ж**ный** вопро́с	**са́мое** высо́к**ое** зда́ние
са́мая совреме́нн**ая** те́хника	**са́мые** эффекти́вн**ые** ме́тоды

81 Mit са́мый zusammengesetzte Superlativformen werden häufiger *attributiv*, seltener prädikativ gebraucht, z. B.:

Во́лга – са́мая дли́нная река́ в Евро́пе.	Die Wolga ist der längste Fluß in Europa.
По-мо́ему, о́тдых на мо́ре – са́мый прия́тный вид о́тпуска.	Nach meinem Dafürhalten ist Erholung an der See die angenehmste Art des Urlaubs.
Э́тот вопро́с са́мый ва́жный.	Diese Frage ist die wichtigste.

82 2. Die einfache Komparativform (↗ **75, 76**) wird mit dem Genitiv всех (= чем все) oder всего́ (= чем всё) verbunden.

быстре́е **всех (всего́)**	**моло́же всех**
важне́е **всех (всего́)**	**лу́чше всех (всего́)**

83 Die mit всех (всего́) zusammengesetzten Superlativformen werden ausschließlich *prädikativ* gebraucht, z. B.:

Интере́снее всего́ для меня́ похо́ды в го́ры.	Am interessantesten sind für mich Ausflüge ins Gebirge.
Шу́ра моло́же всех.	Schura ist am jüngsten.
Э́тот вопро́с важне́е всех.	Diese Frage ist am wichtigsten.

Einfache Superlativformen

84 An den Adjektivstamm wird -ейш- oder (nach г, к, х, die mit ж, ч, ш wechseln) -а́йш- angefügt.

Die deklinierte Form stimmt mit ihrem Beziehungswort überein.

-ейш- ist betont, wenn der entsprechende einfache Komparativ auf betontes -ее oder auf -е gebildet wird;

-а́йш- ist stets betont. Zum Beispiel:

бога́тый: богат**е́йш**ий, -ая, -ее	интере́сный: интере́сн**ейш**ий
ва́жный: важн**е́йш**ий	но́вый: нов**е́йш**ий
вели́кий: велич**а́йш**ий	бли́зкий: ближ**а́йш**ий

85 Superlativformen auf -ейший/-а́йший werden vornehmlich *attributiv* gebraucht; sie können folgende Bedeutung haben:

1. Die Formen bezeichnen ein *Höchstmaß*, z. B.:

Важне́йшие города́ РСФСР – Москва́ и Ленингра́д.	Die wichtigsten Städte der RSFSR sind Moskau und Leningrad.
Ла́дожское о́зеро – крупне́йшее о́зеро в Евро́пе.	Der Ladogasee ist der größte See in Europa.

2. Die Formen bezeichnen einen *sehr hohen Grad* einer Eigenschaft (deutsche Wiedergabe durch Wörter wie: sehr, überaus, ganz, äußerst), z. B.:

Пу́шкин – велича́йший поэ́т.	Puschkin ist ein sehr bedeutender Dichter.

Bei der deutschen Wiedergabe dieser Superlativformen ist stets zu unterscheiden, ob die Formen ein Höchstmaß oder einen sehr hohen Grad einer Eigenschaft ausdrücken!

Zahlwort

Grundzahlwörter

86

0 ноль	10 де́сять
1 оди́н, одна́, одно́	11 оди́ннадцать
2 два, две	12 двена́дцать
3 три	13 трина́дцать
4 четы́ре	14 четы́рнадцать
5 пять	15 пятна́дцать
6 шесть	16 шестна́дцать
7 семь	17 семна́дцать
8 во́семь	18 восемна́дцать
9 де́вять	19 девятна́дцать
20 два́дцать	200 две́сти
30 три́дцать	300 три́ста
40 со́рок	400 четы́реста
50 пятьдеся́т	500 пятьсо́т
60 шестьдеся́т	600 шестьсо́т
70 се́мьдесят	700 семьсо́т
80 во́семьдесят	800 восемьсо́т
90 девяно́сто	900 девятьсо́т
100 сто	1 000 ты́сяча
2 000 две ты́сячи	2 000 000 два миллио́на
3 000 три ты́сячи	3 000 000 три миллио́на
5 000 пять ты́сяч	5 000 000 пять миллио́нов
1 000 000 миллио́н	1 000 000 000 миллиа́рд

87 *Mehrgliedrige Grundzahlwörter* werden durch Aneinanderreihung gebildet, und zwar – abweichend vom Deutschen – in der Reihenfolge Zehner – Einer; z. B.:
по́езд № 23 (два́дцать три); самолёт ТУ-154 (сто пятьдеся́т четы́ре).

88 Beachte:
Es gibt einige besondere Zahlwörter wie z. B.:
2 – **дво́е** (G. двои́х), 3 – **тро́е**, 4 – **че́тверо**, 5 – **пя́теро**,
die mit einem Substantiv im Genitiv Plural verbunden werden, z. B.:
су́тки (nur im Plural gebräuchlich) – дво́е су́ток (48 Stunden),
часы́ (nur im Plural gebräuchlich) – тро́е часо́в (drei Uhren; ↗ jedoch **282**).
У него́ че́тверо сынове́й (oder: четы́ре сы́на). Er hat vier Söhne.
Нас бы́ло пя́теро. Wir waren fünf.

Deklination

89 **оди́н** (m.), **одна́** (w.), **одно́** (s.): wird dekliniert wie э́тот (↗ **127**), Betonung jedoch auf der Endung, z. B.: G. одного́, одно́й.

	G.	D.	A.	I.	P.
два (m., s.), **две** (w.):	двух	– двум	– N./G.	– двумя́	– (о) двух
о́ба (m., s.),	обо́их	– обо́им	– N./G.	– обо́ими	– (об) обо́их
о́бе (w.):	обе́их	– обе́им	– N./G.	– обе́ими	– (об) обе́их
три:	трёх	– трём	– N./G.	– тремя́	– (о) трёх
четы́ре:	четырёх	– четырём	– N./G.	– четырьмя́	– (о) четырёх

пять … два́дцать, три́дцать:
Diese Zahlwörter werden nach der III. Deklination gebeugt (↗ **49**), Betonung 11 … 19 auf dem Stamm, sonst auf der Endung, z. B.:
пять, пят**и́** …; во́семь, восьм**и́** …; оди́ннадцать, оди́ннадцат**и** …

пятьдеся́т … во́семьдесят:
Diese Zahlwörter werden in beiden Bestandteilen nach der III. Deklination gebeugt, Betonung auf der Endung des ersten Bestandteiles, z. B.:
пятьдеся́т, пят**и́**десят**и** …; во́семьдесят, восьм**и́**десят**и** …

со́рок, девяно́сто, сто:
Endung in allen Fällen außer Nom./Akk. **-а**, z. B.:
со́рок, сорок**а́**; девяно́ст**о**, девяно́ст**а**; ст**о**, ст**а**.

две́сти … девятьсо́т:
Diese Zahlwörter werden in beiden Bestandteilen dekliniert, Betonung auf dem Stamm des zweiten Bestandteils, z. B.:
две́сти, двухсо́т, двумста́м, две́сти, двумяста́ми, (о) двухста́х.

ты́сяча, миллио́н, миллиа́рд:
Diese Zahlwörter werden wie Substantive dekliniert.

90 Bei Grundzahlwörtern, die durch Aneinanderreihung gebildet sind, wird jedes einzelne Glied dekliniert, z. B.:
сто два́дцать пять киломе́тров: G. ст**а** двадцат**и́** пят**и́** киломе́тров.

Gebrauch

Wortgruppe: Grundzahl und Substantiv

91 Für den *Nominativ* dieser Wortgruppe gilt:

… оди́н (одна́, -о́)	+ N. Sg.	оди́н ма́льчик		одна́ де́вочка	
… два (две) о́ба (о́бе) … три … четы́ре	+ G. Sg.	два три четы́ре	ма́льчика	две три четы́ре	де́вочки
… пять … шесть мно́го	+ G. Pl.	пять шесть мно́го	ма́льчиков	пять шесть мно́го	де́вочек

Bei mehrgliedrigen Grundzahlwörtern richtet sich der Fall des Substantivs nach dem letzten Glied, z. B.: 21 ма́льчик, 22 ма́льчик**а**, 25 ма́льчик**ов**.

92 Der *Akkusativ* der Wortgruppe ist in der Regel gleich dem Nominativ; er ist jedoch dem Genitiv gleich, wenn sich die Zahlwörter 1–4 auf ein belebtes Substantiv beziehen, z. B.:
купи́ть (v.) два (о́ба, три) журна́ла, две (о́бе, четы́ре) кни́ги, пять книг; встре́тить (v.) пять това́рищей, aber: двух (трёх, четырёх) това́рищей.

93 In allen *anderen Fällen* der Wortgruppe stimmen Zahlwort und Substantiv im Fall überein; das Substantiv steht (außer bei оди́н) im Plural. Z. B.: помога́ть двум (трём, пяти́) това́рищам, говори́ть с двумя́ (тремя́, пятью́) това́рищами, aber: помога́ть одному́ това́рищу.

94 Beachte:
1. Nach Grundzahlwörtern lautet der Genitiv Plural von **год: лет** (↗ **287**), von **лю́ди: челове́к** (↗ **35**), z. B.: Ему́ 22 го́да. Ей 25 лет. В за́ле бы́ло 15 челове́к.
2. Das Grundzahlwort steht – wie im Deutschen – gewöhnlich vor dem gezählten Substantiv. Ist es nachgestellt, wird eine ungefähre Zahlenangabe ausgedrückt. Z. B.:

Прошло́ мину́т пять.	Es vergingen etwa fünf Minuten.
Я приду́ к тебе́ часа́ в два.	Ich komme gegen zwei Uhr zu dir.

95 *Wortgruppe: Grundzahl, Adjektiv und Substantiv*

Das in der Wortgruppe stehende Adjektiv stimmt gewöhnlich mit dem gezählten Substantiv in Zahl und Fall überein, z. B.:

построить (v.) двадцать одно многоэтажн**ое** здани**е**;
встретиться (v.) с двумя хорош**ими** друзь**ями**.
Nach dem Nominativ bzw. Akkusativ von два (две), три, четыре steht ein Adjektiv jedoch gewöhnlich im Genitiv Plural, z. B.:
купить (v.) два нов**ых** журнал**а**, две нов**ые** (oder: нов**ых**) книг**и**.

Ordnungszahlwörter

96

	10. десятый
1. первый, -ая, -ое	11. одиннадцатый
2. второй, -ая, -ое	12. двенадцатый
3. третий, третья, третье	13. тринадцатый
4. четвёртый, -ая, -ое	14. четырнадцатый
5. пятый	15. пятнадцатый
6. шестой	16. шестнадцатый
7. седьмой	17. семнадцатый
8. восьмой	18. восемнадцатый
9. девятый	19. девятнадцатый
20. двадцатый	200. двухсотый
30. тридцатый	300. трёхсотый
40. сороковой	400. четырёхсотый
50. пятидесятый	500. пятисотый
60. шестидесятый	600. шестисотый
70. семидесятый	700. семисотый
80. восьмидесятый	800. восьмисотый
90. девяностый	900. девятисотый
100. сотый	1 000. тысячный

97 Bei *mehrgliedrigen Zahlwörtern* nimmt nur das letzte Glied die Form des Ordnungszahlwortes an, z. B.:
37-й (тридцать седьм**ой**) автобус, 125-я (сто двадцать пят**ая**) школа.

98 Ordnungszahlwörter werden wie Adjektive mit hartem Stammauslaut (↗ **61, 62**) dekliniert; третий wird wie чей (↗ **117**) gebeugt (G. третьего, третьей). Sie stimmen mit ihrem Beziehungswort in Geschlecht, Zahl und Fall überein.

99 Beachte:
Durch Ziffern ausgedrückte Ordnungszahlen werden im Russischen stets ohne Punkt geschrieben; mitunter wird die Endung des Ordnungszahlwortes angedeutet. Z. B.:
9-й класс, учиться в 9-м классе.
Zur Schreibung des Datums ↗ **286**.

Bruchzahlen

100 Bruchzahlen werden aus einem Grundzahlwort für den *Zähler* und einem Ordnungszahlwort für den *Nenner* gebildet, z. B.:

$\frac{1}{5}$: однá пя́тая (часть) $\frac{1}{10}$ oder 0,1: однá деся́тая (часть)

$\frac{2}{7}$: две седьмы́х $\frac{3}{100}$ oder 0,03: три сóтых

Zur Bezeichnung von Bruchzahlen werden auch die Substantive полови́на – *Hälfte*, треть, -и – *Drittel* und чéтверть, -и – *Viertel* gebraucht, z. B.:

$\frac{2}{3}$: две трéти $\frac{3}{4}$: три чéтверти

101 Nach einer Bruchzahl steht das *abhängige Substantiv* im Genitiv Singular, z. B.:

9,7 секýнды: дéвять и семь деся́тых секýнд**ы**

10,35 мéтра: дéсять и три́дцать пять сóтых мéтр**а**

Werden in einer gemischten Zahl $\frac{1}{2}$, $\frac{1}{3}$ oder $\frac{1}{4}$ durch с полови́ной, с трéтью, с чéтвертью ausgedrückt, so richtet sich das Substantiv nach der ganzen Zahl, z. B.:

шесть с полови́ной процéнт**ов**

24,5 минýты: двáдцать четы́ре с полови́ной минýт**ы**

Unbestimmte Zahlwörter

102

мнóго	– viel(e)	**стóлько**	– so viel(e)
немнóго	– wenig(e), einige	**скóлько**	– wieviel
мáло	– wenig(e)	**нéсколько**	– einige
немáло	– nicht wenig(e), einige		

(Не-)мнóго, (не-)мáло werden nur im Nominativ bzw. Akkusativ gebraucht.

Стóлько, скóлько, нéсколько werden wie э́ти (↗ **127**) dekliniert.

103 Zum Gebrauch der Wortgruppe: Zahlwort und Substantiv ↗ **91**. Z. B.: нéсколько друзéй: G. нéскольких друзéй – D. нéскольким друзья́м.

Pronomen

Personalpronomen

я	**ты**	**он, она́, оно́**
мы	**вы**	**они́**
reflexiv:	**себя́**	**друг дру́га**

Deklination

104

	Singular					Plural		
	1. Pers.	2. Pers.	3. Pers. m.	s.	w.	1. Pers.	2. Pers.	3. Pers.
N.	я	ты	он	оно́	она́	мы	вы	они́
G.	меня́	тебя́	(н)его́[3,4]		(н)её[4]	нас	вас	(н)их[4]
D.	мне[1]	тебе́	(н)ему́		(н)ей	нам	вам	(н)им
A.	меня́	тебя́	(н)его́		(н)её	нас	вас	(н)их
I.	мной[1,2]	тобо́й[2]	(н)им		(н)е́ю[2]	на́ми	ва́ми	(н)и́ми
P.	обо мне[1]	о тебе́	о нём		о ней	о нас	о вас	о них

105 Beachte:

[1] Präpositionen, die auf einen Konsonanten auslauten, wird vor мне, мной ein -o angefügt, z. B.: к**о** мне, об**о** мне, перед**о** мной (мно́ю).

[2] Im Instrumental werden auch мно́ю, тобо́ю, (н)ей verwendet.

[3] In der Genitivform (н)его́ wird г als [в] gesprochen (↗ **62.2**).

[4] Hängt eine Form der 3. Person (он, она́, оно́; они́) von einer Präposition ab, so wird dieser Form in der Regel ein н- vorgesetzt, z. B.: без **н**её, к **н**ему́, с **н**и́ми.

Я дружу́ с Ви́ктором. У **н**его́ два бра́та. — Ich bin mit Viktor befreundet. Er hat zwei Brüder.

106 Das Reflexivpronomen себя́ (ohne Nominativ) wird wie ты dekliniert.
Das Pronomen друг дру́га – *einander* wird dekliniert, indem das zweite Wort wie ein Substantiv abgewandelt wird. Präpositionen werden zwischengeschoben, z. B.:

Они́ хорошо́ зна́ют друг дру́г**а**. — Sie kennen sich gut.
Они́ говори́ли друг **с** дру́г**ом**. — Sie sprachen miteinander.

Gebrauch

107 *мы:*

Beachte die Verbindungen мы с тобо́й – *du und ich*, мы с ним – *er und ich*:

За́втра мы с бра́том пое́дем домо́й. — Morgen fahren mein Bruder und ich nach Hause.

108 *вы:*

Abweichend vom Deutschen wird die 2. Person Plural auch als Höflichkeitsform verwendet, z. B.:

Кудá вы идёте?	Wohin gehen Sie?

Nur in Briefen werden die Höflichkeitsformen von вы, ваш mit großem Anfangsbuchstaben geschrieben, z. B.:

Благодарю́ **В**ас за **В**áше письмó.	Ich danke Ihnen für Ihren Brief.

109 *себя́:*

Das Reflexivpronomen себя́ – *sich*, auch: *mich*, *dich*, *uns*, *euch* bezieht sich stets auf das Subjekt desselben Satzes; es wird – abweichend vom Deutschen – für alle Personen des Singulars und Plurals verwendet, z. B.:

Алексéй мнóго расскáзывал о **себé**.	**Alexej** hat viel von **sich** erzählt.
Я купи́л **себé** кни́гу.	**Ich** habe **mir** ein Buch gekauft.
Как **ты себя́** чу́вствуешь?	Wie fühlst **du dich**?
Представьте **себé** ...	Stellt **euch** vor ... oder: Stellen **Sie sich** vor...

Possessivpronomen

мой	**твой**	**егó,**	**её**
наш	**ваш**	**их**	
reflexiv:	**свой**		

Deklination

110

	Singular			Plural	Singular			Plural
	m.	s.	w.	alle Geschlechter	m.	s.	w.	alle Geschlechter
N.	мой	моё	моя́	мои́	наш	нáше	нáша	нáши
G.	моегó[1]		моéй	мои́х	нáшего[1]		нáшей	нáших
D.	моему́		моéй	мои́м	нáшему		нáшей	нáшим
A.	N./G.[2]	моё	мою́	N./G.[2]	N./G.[2]	нáше	нáшу	N./G.[2]
I.	мои́м		моéй	мои́ми	нáшим		нáшей	нáшими
P.	о моём		о моéй	о мои́х	о нáшем		о нáшей	о нáших

111 Beachte:
[1] In der Genitivform wird г als [в] gesprochen (↗ **62.2**). [2] ↗ **60.2.**

112 Wie мой werden твой und свой, wie наш wird ваш dekliniert.
Die Possessivpronomen егó, её, их sind unveränderlich.

Gebrauch

113 *ваш:*

Abweichend vom Deutschen werden die Formen von ваш auch als Höflichkeitsformen verwendet, z. B.:

Как ва́ша фами́лия?	Wie ist Ihr Name?

Zur Schreibung ↗ **108**.

свой – его́, её; их:

114 Als Possessivpronomen der 3. Person werden gebraucht:
- die deklinierten Formen von свой – *sein(e)*, *ihr(e)* oder
- die unveränderlichen Formen
  его́ – *sein(e)* (für ein männliches oder sächliches Substantiv)
  её – *ihr(e)* (für ein weibliches Substantiv)
  их – *ihr(e)* (für ein Substantiv im Plural oder mehrere Substantive).

115 Bezieht sich das Possessivpronomen der 3. Person auf das *Subjekt desselben Satzes*, so wird свой verwendet, *sonst stets* его́, её; их. Vgl. z. B.:

Никола́й регуля́рно пи́шет **своему́** дру́гу.	**Nikolai** schreibt regelmäßig **seinem** Freund.
Лю́ба перепи́сывается со **свое́й** подру́гой.	**Ljuba** steht mit **ihrer** Freundin in Briefwechsel.
Во́ва живёт в Ки́еве. **Его́** роди́тели – учителя́.	**Wowa** lebt in Kiew. **Seine** Eltern sind Lehrer.
Ты зна́ешь **Ни́ну**? В э́том году́ мы провели́ кани́кулы у **её** дя́ди.	Du kennst **Nina**? In diesem Jahr haben wir die Ferien bei **ihrem** Onkel verbracht.

Unterscheide:

Бо́ря поздоро́вался ...	Borja begrüßte ...
... со **свои́ми** друзья́ми.	... **seine** (eigenen) Freunde.
... с **его́** друзья́ми.	... **seine** Freunde (die eines andern).
На́дя говори́ла об э́том ...	Nadja sprach darüber ...
... со **свое́й** сестро́й.	... mit **ihrer** (eigenen) Schwester.
... с **её** сестро́й.	... mit **ihrer** Schwester (der Schwester einer andern).

116 Свой kann (neben мой, твой, наш, ваш) auch verwendet werden, wenn es sich auf ein Subjekt bezieht, das die 1. oder 2. Person bezeichnet, z. B.:

Мы встре́тили **своего́ (на́шего)** това́рища.	**Wir** empfingen **unsern** Freund.
Переда́й, пожа́луйста, приве́т **свои́м** роди́телям.	Grüße bitte **deine** Eltern!

Fragepronomen

кто? что?
какóй? котóрый? чей? скóлько?
какóв?

Deklination

117

	Singular		Singular m.	s.	w.	Plural alle Geschlechter
N.	кто	что	чей[2]	чьё	чья	чьи
G.	когó[1]	чегó[1]	чьегó[1]		чьей	чьих
D.	комý	чемý	чьемý		чьей	чьим
A.	когó	что	N./G.[3]	чьё	чью	N./G.[3]
I.	кем	чем	чьим		чьей	чьи́ми
P.	о ком	о чём	о чьём		о чьей	о чьих

118 Beachte:
[1] In der Genitivform wird г als [в] gesprochen (↗ **62.2**).
[2] Die Deklination von чей entspricht der von мой (↗ **110**). [3] ↗ **60.2**

119 Die Pronomen какóй, котóрый werden wie Adjektive, скóлько wie э́ти (↗ **127**; G.: скóльких) dekliniert;
какóв, -á, -ó; -ы́ ist nur nach Geschlecht und Zahl veränderlich.

Gebrauch

120 *кто – что:*

Nach Personen und Tieren fragt man mit den Formen von кто – *wer*; sonst verwendet man die Formen von что – *was*, z. B.:

О ком вы говори́те?	Über wen sprecht ihr?
Что случи́лось?	Was ist geschehen?
Чем вы занимáетесь?	Womit beschäftigen Sie sich?

Beachte:

Кто твой отéц?	**Was** ist dein Vater (von Beruf)?
Кем ты хóчешь стать?	**Was** willst du werden?

121 *какóй – котóрый:*

Das Pronomen какóй – *welcher, was für ein* bezieht sich auf die Qualität, das Pronomen котóрый – *welcher, der wievielte* auf die Reihenfolge oder eine Wahl, die der Angesprochene treffen soll, z. B.:

Какáя сегóдня погóда?	Was ist heute für Wetter?
Котóрый час?	Wie spät ist es?

Beachte:

Какóе сегóдня числó?	Der Wievielte ist heute?

122 *чей:*

Mit dem Pronomen чей – *wessen* fragt man nach der Zugehörigkeit. Zum Unterschied von dt. *wessen* stimmt чей in Geschlecht, Zahl und Fall mit dem Substantiv überein, dessen Zugehörigkeit erfragt wird, z. B.:

Чей э́то портфе́ль?	Wessen Aktentasche ist das?
Чья э́то ша́пка?	Wessen Mütze ist das?

123 *како́в:*

Mit dem Pronomen како́в – *welcher*, *was für ein*, *wie*, das nur prädikativ gebraucht wird, fragt man nach der Qualität, z. B.:

Каковы́ результа́ты?	Wie sind die Ergebnisse?
Каково́ ва́ше мне́ние?	Wie ist Ihre Ansicht?

Relativpronomen

124 Dieselben Wörter, die als Fragepronomen auftreten, können auch als Relativpronomen verwendet werden (zur Deklination ↗ **117–119**).

Gebrauch von кото́рый

125 Als Relativpronomen stimmt кото́рый – *welcher*, *der* mit seinem Beziehungswort in Geschlecht und Zahl überein, sein Fall hängt von seiner Funktion im Nebensatz ab; z. B.:

Я встре́тил **дру́га, кото́рый** неда́вно прие́хал из Ки́ева.	Ich habe meinen Freund getroffen, der kürzlich aus Kiew gekommen ist.
Вы нашли́ **пласти́нку, кото́рую** хоте́ли купи́ть?	Haben Sie die Schallplatte gefunden, die Sie kaufen wollten?

126 Den Formen *dessen*, *deren* entsprechen im Russischen die Genitivformen
кото́рого (für ein männliches oder sächliches Substantiv),
кото́рой (für ein weibliches Substantiv),
кото́рых (für ein Substantiv im Plural oder mehrere Substantive).

Diese Genitivform steht im Russischen hinter dem Substantiv, das sie ihrem Beziehungswort (im Hauptsatz) zuordnet, z. B.:

Э́тот **музе́й**, в за́лах **кото́рого** экспони́руются произведе́ния ру́сской жи́вописи, ежего́дно посеща́ет о́коло миллио́на челове́к.	Dieses Museum, in dessen Sälen Werke der russischen Malerei ausgestellt werden, besuchen jährlich etwa eine Million Menschen.

Demonstrativpronomen

э́тот	тот	тако́й тако́в

Deklination

127

	Singular m.	s.	w.	Plural alle Geschlechter	Singular m.	s.	w.	Plural alle Geschlechter
N.	э́тот	э́то	э́та	э́ти	тот	то	та	те
G.	э́того[1]		э́той	э́тих	того́[1]		той	тех
D.	э́тому		э́той	э́тим	тому́		той	тем
A.	N./G.[2]	э́то	э́ту	N./G.[2]	N./G.[2]	то	ту	N./G.[2]
I.	э́тим		э́той	э́тими	тем		той	те́ми
P.	об э́том		об э́той	об э́тих	о том		о той	о тех

128 Beachte:
[1] In der Genitivform wird г als [в] gesprochen (↗ 62.2). [2] ↗ 60.2.

129 Das Pronomen тако́й wird wie ein Adjektiv dekliniert;
тако́в, -а́, -о́; -ы́ ist nur nach Geschlecht und Zahl veränderlich.

Gebrauch

130 *э́тот – тот:*

Э́тот – *dieser* weist auf Näherliegendes, тот – *jener, der* auf Entfernteres.

Да́йте мне, пожа́луйста, э́ту кни́гу. — Geben Sie mir bitte dieses Buch!
В како́м до́ме вы живёте – в э́том и́ли в том? — In welchem Haus wohnen Sie, in diesem oder in dem anderen?

Russischem тот же (са́мый) entspricht im Deutschen (*eben*)*derselbe*. Z. B.:
В ту же са́мую мину́ту он вошёл в ко́мнату. — In ebendieser Minute (In diesem Augenblick) trat er ins Zimmer.

Beachte den Gebrauch von э́то in der Bedeutung *das*, z. B.:
Я э́то зна́ю то́чно. — Ich weiß das genau.

131 *тако́й – тако́в:*

In der Bedeutung *ein solcher, so* (*ein*) wird тако́й attributiv gebraucht; russischem тако́й же entspricht im Deutschen *derselbe, der gleiche*. Z. B.:
Тако́й челове́к нам ну́жен. — Solch einen Menschen brauchen wir.
Он тако́го же ро́ста, как я. — Er ist genauso groß wie ich.

Russisches тако́в wird prädikativ gebraucht, z. B.:
Таково́ на́ше мне́ние. — Das ist unsere Meinung.

Bestimmende Pronomen

весь **цéлый**
кáждый **всякий** **любóй**
сам **сáмый**

Deklination

132

	Singular m.	Singular s.	Singular w.	Plural alle Geschlechter	Singular m.	Singular s.	Singular w.	Plural alle Geschlechter
N.	весь	всё	вся	все	сам[2]	самó	самá	сáми
G.	всегó[1]		всей	всех	самогó[1]		самóй	самúх
D.	всемý		всей	всем	самомý		самóй	самúм
A.	N./G.[3]	всё	всю	N./G.[3]	N./G.[3]	самó	самý[4]	N./G.[3]
I.	всем		всей	всéми	самúм		самóй	самúми
P.	обо всём		обо всей	обо всех	о самóм		о самóй	о самúх

133 Beachte:
[1] In der Genitivform wird г als [в] gesprochen (↗ **62.2**).
[2] Die Deklination von сам entspricht der von э́тот (↗ **127**).
[3] ↗ **60.2**. [4] Im Akkusativ wird neben самý auch самоё verwendet.

134 Die Pronomen цéлый, кáждый, всякий, любóй, сáмый werden wie Adjektive dekliniert.

Gebrauch

135 *весь – цéлый:*

Dem deutschen *ganz* mit bestimmtem Artikel entspricht весь, deutschem *ganz* mit unbestimmtem Artikel entspricht цéлый, z. B.:

Я прочитáл всю кнúгу.	Ich habe das ganze Buch gelesen.
Онá не спалá всю ночь.	Sie hat die ganze Nacht nicht geschlafen.
Я просидéл там цéлый час.	Ich saß dort eine ganze Stunde.
Он болéл цéлый мéсяц.	Er war einen ganzen Monat krank.

Die Pluralformen все ... bedeuten *alle*, z. B.:

Все лю́ди дóброй вóли выступáют за мир.	Alle Menschen guten Willens treten für den Frieden ein.

Beachte den Gebrauch von всё
– in der Bedeutung *alles*, z. B.:
За всё вас благодарю́. — Für alles danke ich Ihnen.
– in der Bedeutung *immer*, z. B.:
Разговóр становúлся всё интерéснее. — Das Gespräch wurde immer interessanter.

136 *ка́ждый – вся́кий – любо́й:*

Die Pronomen haben die Bedeutung *jeder*; вся́кий bedeutet auch *jeder mögliche*, любо́й bedeutet auch *jeder beliebige*. Zum Beispiel:

Э́то зна́ет ка́ждый (любо́й) челове́к.	Das weiß jeder.
В ка́ждом до́ме есть газ и телефо́н.	In jedem Haus gibt es Gas und Telefon.
Он встреча́лся со вся́кими людьми́.	Er kam mit allen möglichen Menschen zusammen.
Э́ти кни́ги вы ку́пите в любо́м кни́жном магази́не.	Diese Bücher können Sie in jeder beliebigen Buchhandlung kaufen.

137 *сам – са́мый:*

Das Pronomen сам – *selbst, selber*; *selbständig* steht nach Substantiven oder Personalpronomen; са́мый – *direkt, unmittelbar* steht vor Substantiven. Zum Beispiel:

Он сам спра́вился с рабо́той.	Er hat die Arbeit selbst geschafft.
Я говори́л с ним сами́м.	Ich habe mit ihm selbst gesprochen.
Пионерла́герь нахо́дится на са́мом берегу́ о́зера.	Das Pionierlager befindet sich unmittelbar am Ufer eines Sees.

Beachte die Verwendung von са́мый zur Bildung zusammengesetzter Superlativformen der Adjektive (↗ **80, 81**).

Unbestimmte Pronomen

Bildung und Deklination

138

-нибудь:	кто́-нибудь	что́-нибудь	како́й-нибудь
-либо:	кто́-либо	что́-либо	како́й-либо
-то:	кто́-то	что́-то	како́й-то
не́-:	не́кто	не́что	не́который
ко́е-:	ко́е-кто́	ко́е-что́	ко́е-како́й

Die unbestimmten Pronomen werden aus Fragepronomen durch Anfügen von -нибудь, -либо, -то oder Vorsetzen von не́-, ко́е- gebildet. Sie weisen die gleiche Deklination wie die entsprechenden Fragepronomen auf; не́кто und не́что sind undeklinierbar.

139 Wird ein mit ко́е- gebildetes Pronomen mit einer Präposition verbunden, so wird diese zwischengeschoben, z. B.: ко́е у кого́, ко́е с ке́м.

Gebrauch

140 *Pronomen mit -нибудь, -либо (schriftsprachlich):*

Diese Pronomen drücken aus, daß die betreffende Erscheinung dem Sprecher unbekannt und häufig gleichgültig ist (z. B. *gleichgültig wer*):

кто́-нибудь/кто́-либо – *irgend jemand;*
что́-нибудь/что́-либо – *irgend etwas;*
како́й-нибудь/како́й-либо – *irgendein.*

Мне кто́-нибудь звони́л?	Hat mich irgend jemand angerufen?
Купи́ чего́-нибудь на у́жин.	Kaufe irgend etwas zum Abendbrot.

141 *Pronomen mit -то, не́-:*

Diese Pronomen drücken aus, daß der Sprecher die Erscheinung nicht benennen kann oder will (z. B. *unbekannt wer*):

кто́-то/не́кто (schriftsprachlich) – *jemand, ein gewisser;*
что́-то/не́что (schriftsprachlich) – *etwas;*
како́й-то – *irgendein;*
не́который – *ein gewisser, irgendein;* Pl.: *einige.*

Кто́-то звони́т.	Jemand läutet.
Случи́лось не́что удиви́тельное.	Es ist etwas Merkwürdiges passiert.
Не́которые из мои́х друзе́й уе́хали.	Einige meiner Freunde sind weggefahren.

142 *Pronomen mit ко́е-:*

Diese Pronomen drücken aus, daß der Sprecher die Erscheinung kennt, den Gesprächspartner jedoch in Unkenntnis läßt (z. B. *offengelassen wer*):

ко́е-кто́ – *dieser und jener;*
ко́е-что́ – *einiges, dies und das;*
ко́е-како́й – *ein gewisser;* Plural: *einige.*

Я ко́е с ке́м поговори́л.	Ich habe mit diesem und jenem gesprochen.
Я прочита́л не все произведе́ния Льва Толсто́го, но ко́е-что́ чита́л.	Ich kenne nicht alle Werke Lew Tolstois, aber einige habe ich gelesen.

Negativpronomen

Bildung und Deklination

143

ни-:	никтó	ничтó	(G./A. ничегó)
	никакóй	ничéй	
нé-:	нéкого	нéчего	

Die Negativpronomen werden aus Fragepronomen durch Vorsetzen von ни- oder нé- gebildet.

144 Sie weisen die gleiche Deklination wie die entsprechenden Fragepronomen auf; zu den Genitivformen нéкого und нéчего gibt es keinen Nominativ.

Präpositionen werden zwischengeschoben, z. B.: ни у когó, ни с кéм.

Gebrauch

145 *Pronomen mit ни-:*

никтó – *niemand, keiner*	никакóй – *kein*
ничтó – *nichts*	ничéй – *niemandem gehörig*

In einem Satz, der ein mit ни- gebildetes Negativpronomen enthält, muß das Prädikat durch не verneint werden, z. B.:

Я ни с кéм не говори́л.	Ich habe mit niemandem gesprochen.
Я емý ничегó не сказáл.	Ich habe ihm nichts gesagt.

Beachte die Verwendung des umgangssprachlichen Adverbs ничегó in der Bedeutung *macht nichts, ganz gleich*, z. B.:

– Я вас побеспокóил! – Ничегó.	Ich habe Sie gestört! – Macht nichts.

146 *Pronomen mit нé-:*

Нéкого, нéчего werden in Infinitivsätzen (↗ **247, 248**) gebraucht, um das Fehlen des Objekts der Handlung anzuzeigen, z. B.:

Мне нé с кем посовéтоваться.	Es ist niemand da (Ich habe niemand), den ich um Rat fragen könnte.
Нéчего дéлать.	Da ist nichts zu machen.

Verb

Vollendete und unvollendete Verben

Gebrauch der Aspekte

147 Im Russischen werden – zum Unterschied vom Deutschen – alle Verbformen nach dem Aspekt bestimmt, das heißt nach der unterschiedlichen *Betrachtungsweise des Handlungsablaufs.*
Einem deutschen Verb stehen gewöhnlich zwei russische Verben gegenüber: ein Verb des *vollendeten Aspekts* (kurz: vollendetes Verb, v.) und ein Verb des *unvollendeten Aspekts* (kurz: unvollendetes Verb, uv.). Die beiden russischen Verben haben ein und dieselbe lexikalische Bedeutung und bilden ein Aspektpaar. Achte darauf, daß in Wörterbüchern der vollendete und der unvollendete Aspektpartner gewöhnlich nur unter *einem* Stichwort erfaßt sind.
Vgl. z. B.:

vollendetes Verb	unvollendetes Verb	dt. Bedeutung
рассказа́ть	/ расска́зывать	– erzählen
запо́лнить	/ заполня́ть	– ausfüllen
откры́ть	/ открыва́ть	– öffnen; eröffnen
сде́лать	/ де́лать	– machen, tun
взять	/ брать	– nehmen

148 Ein Verb des *vollendeten Aspekts* kennzeichnet die Handlung als geschlossenes, unteilbares Geschehen, das seinen Endpunkt erreicht hat oder erreichen wird; der vollendete Aspekt drückt also die *Ganzheitlichkeit der durch das Verb bezeichneten Handlung* aus.

Ein Verb des *unvollendeten Aspekts* drückt dieses Merkmal der Ganzheitlichkeit der Handlung *nicht* aus.

149 Aus der Bedeutung des vollendeten Aspekts, die Ganzheitlichkeit der Handlung auszudrücken, ergibt sich:
Von *vollendeten Verben* können *keine Präsensformen* gebildet werden; ↗ **175.**

150 *Beispiele für den Gebrauch der Aspekte (im Präteritum)*

Vollendete Verben bezeichnen oft:

– *Abschluß* oder *Ergebnis* einer Handlung, z. B.:
Ната́ша написа́ла письмо́.
Ле́на вы́учила но́вые слова́.

Мы осмотре́ли не весь го́род, а то́лько центр.

– eine *konkrete Einzelhandlung* (häufig zusammen mit Adverbialbestimmungen wie вдруг, сра́зу, сейча́с, наконе́ц u. a.), z. B.:
Наш заво́д в э́том году́ вы́полнил план.

– *zeitlich aufeinander folgende einmalige Handlungen*, z. B.:
Ребя́та вы́шли из по́езда, се́ли в авто́бус и пое́хали на о́зеро.

– Das *Ausbleiben* des Ergebnisses einer *erwarteten Handlung*, z. B.:
– Он получи́л телегра́мму?
– Нет, не получи́л.

Unvollendete Verben bezeichnen oft:

– den *Verlauf* oder die *Dauer* einer Handlung, z. B.:
Ната́ша писа́ла пи́сьма.
По́сле обе́да Ле́на учи́ла но́вые слова́.
Мы осма́тривали центр го́рода.

– eine *sich wiederholende* oder *gewohnheitsmäßige Handlung* (häufig zusammen mit Adverbialbestimmungen wie иногда́, ча́сто, всегда́, ка́ждый день u. a.), z. B.:
Наш заво́д ежего́дно выполня́л пла́ны.

– *zu gleicher Zeit ablaufende Handlungen*, z. B.:
Ребя́та сиде́ли в авто́бусе и смотре́ли в окно́.

– die *Tatsache*, daß eine *Handlung überhaupt stattgefunden hat* (wobei außer acht gelassen wird, ob die Handlung ihren Endpunkt erreicht hat oder nicht), z. B.:
– Ты чита́л э́ту статью́?
– Да, чита́л.

Zum Aspektgebrauch im Futur ↗ **177**, im Infinitiv ↗ **206**, im Imperativ ↗ **195**.

Bildung der Aspekte

151 Verben ohne Präfix sind in der Regel unvollendet und werden durch Vorsetzen von Präfixen zu *vollendeten* Verben, z. B.:

по-	стро́ить → **по**стро́ить v.	– bauen
с-	де́лать → **с**де́лать v.	– machen, tun
за-	плати́ть → **за**плати́ть v.	– (be-)zahlen
на-	писа́ть → **на**писа́ть v.	– schreiben

152 Beachte:
Durch Vorsetzen von Präfixen entstehen selten Aspektpartner; meist wird auch eine Bedeutungsveränderung bewirkt, es werden also neue Verben gebildet (↗ **307**). Vgl. z. B.:

игра́ть – spielen:	**вы́**играть v.	–	gewinnen
	проигра́ть v.	–	verlieren (z. B. im Spiel)

153 Von Stämmen vollendeter Verben werden mit Hilfe der Suffixe -ыва- (nach hartem Konsonanten) bzw. -ива-, -я- bzw. -а- (nach hartem Konsonanten und Zischlaut) und -ва- *unvollendete* Aspektpartner gebildet, z. B.:

-ыва-,	заказа́ть v.	→ зака́з**ыва**ть	– bestellen
-ива-	обрабо́тать v.	→ обраба́т**ыва**ть	– bearbeiten
	спроси́ть v.	→ спр**а́**ш**ива**ть	– fragen
	(teilweise mit Vokal- und mit Konsonantenwechsel, ↗ **9, 10**)		
-я-,	вы́полнить v.	→ выполн**я́**ть	– ausführen
-а-	отве́тить v.	→ отвеч**а́**ть	– antworten
	(teilweise mit Konsonantenwechsel, ↗ **9**)		
-ва-	откры́ть v.	→ откры**ва́**ть	– öffnen

154 Einzelne Aspektpartner weisen verschiedene Wortwurzeln auf, z. B.:

взять v.	– брать	– nehmen
положи́ть v.	– класть	– legen
сказа́ть v.	– говори́ть	– sagen, sprechen

155 Beachte:
1. Mitunter kann ein Verb beide Aspektbedeutungen ausdrücken, z. B.: организова́ть (vollendet und unvollendet).
2. Eine Reihe von Verben (vor allem solche, die einen Zustand bezeichnen) kommt nur im unvollendeten Aspekt vor, z. B.: быть, висе́ть, лежа́ть, сиде́ть, стоя́ть.
3. Eine Reihe von Verben (z. B. mit dem Präfix по- in der Bedeutung «los-» oder «etwas») kommt nur im vollendeten Aspekt vor, z. B.:
поéхать v. – (los)fahren, поговори́ть v. – sich einige Zeit, etwas unterhalten.

Verben der Fortbewegung

Bestimmte und unbestimmte Verben

156 Es gibt im Russischen einige paarig auftretende Verben, die eine Fortbewegung ausdrücken, wobei beide Verben unvollendet sind. Das eine Verb wird als *bestimmtes*, das andere als *unbestimmtes Verb* bezeichnet.

157 Zu den Verben der Fortbewegung gehören vor allem folgende Paare:

bestimmtes Verb			unbestimmtes Verb		deutsche Bedeutung
бежа́ть	(бегу́, бежи́шь)	–	**бе́гать**	(бе́гаю, бе́гаешь)	laufen, rennen
везти́	(везу́, везёшь; вёз, везла́)	–	**вози́ть**	(вожу́, во́зишь)	fahren, bringen
вести́	(веду́, ведёшь; вёл, вела́)	–	**води́ть**	(вожу́, во́дишь)	führen
е́хать	(е́ду, е́дешь; поезжа́й!)	–	**е́здить**	(е́зжу, е́здишь)	fahren, reisen
идти́	(иду́, идёшь; шёл, шла)	–	**ходи́ть**	(хожу́, хо́дишь)	gehen, kommen
лете́ть	(лечу́, лети́шь)	–	**лета́ть**	(лета́ю, лета́ешь)	fliegen
нести́	(несу́, несёшь; нёс, несла́)	–	**носи́ть**	(ношу́, но́сишь)	tragen, bringen
плыть	(плыву́, плывёшь)	–	**пла́вать**	(пла́ваю, пла́ваешь)	schwimmen

158 Die bestimmten Verben bezeichnen eine Fortbewegung *nur in einer Richtung*, z. B.:

– Куда́ ты идёшь, Ни́на?	Wohin gehst du, Nina?
– (Я иду́) в кино́.	(Ich gehe) ins Kino.
Когда́ мы е́хали в дом о́тдыха, мы разгова́ривали с тури́стами из Ве́нгрии. Они́ е́хали в Ро́сток.	Als wir ins Ferienheim fuhren, (während unserer Fahrt ins Ferienheim) unterhielten wir uns mit Touristen aus Ungarn. Sie fuhren nach Rostock.
Самолёт лети́т на се́вер.	Das Flugzeug fliegt nach Norden.

159 Die unbestimmten Verben bezeichnen eine Fortbewegung *nicht nur in einer Richtung*, und zwar

1. eine Bewegung *einmal hin und zurück* (nur im Präteritum), z. B.:

– Куда́ вы ходи́ли вчера́? (Oder: Где вы бы́ли вчера́?)	Wo wart ihr gestern?
– (Вчера́ мы ходи́ли) в клуб.	(Wir waren gestern) im Klub.
В э́том году́ я е́здила в дом о́тдыха.	In diesem Jahr war ich im Ferienheim.
Неда́вно я лета́л в Москву́.	Neulich war ich (mit dem Flugzeug) in Moskau.

2. eine *wiederholte*, auch gewohnheitsmäßige *Bewegung hin und zurück*, z. B.:

Бо́ря ка́ждое ле́то е́здит в пионе́рский ла́герь.	Borja fährt jeden Sommer ins Pionierlager.
Обы́чно я хожу́ на рабо́ту пешко́м.	Gewöhnlich gehe ich zu Fuß zur Arbeit.

3. eine Bewegung *in verschiedenen Richtungen* («hin und her, kreuz und quer»), z. B.:

Тури́сты е́здили на авто́бусе по го́роду.	Die Touristen fuhren mit dem Autobus durch die Stadt.
Кто води́л вас по це́нтру го́рода?	Wer hat Sie durch das Stadtzentrum geführt?

4. die *Fähigkeit* zu einer Bewegung, z. B.:

Де́вочка уже́ хо́дит.	Das Mädchen kann schon laufen.

160 In *übertragener Bedeutung* wird meist das bestimmte Verb gebraucht, z. B.: вести́ разгово́р (кружо́к, уро́к; войну́); идёт фильм (дождь, снег); нести́ отве́тственность (die Verantwortung tragen).

Mit Präfixen gebildete Aspektpaare

161 Die bestimmten Verben der Fortbewegung können sich mit Präfixen räumlicher Bedeutung verbinden; sie werden dadurch *vollendete Verben*. Ihre *unvollendeten Aspektpartner* entstehen teils mit Hilfe der gleichen Präfixe aus dem entsprechenden unbestimmten Verb, teils werden sie mit Suffixen vom vollendeten Verb abgeleitet.
Für die so entstandenen Aspektpartner gilt die Unterscheidung bestimmt: unbestimmt nicht mehr.

Präfix	vollendeter/unvollendeter Aspektpartner	deutsche Bedeutung
вы-	вы́йти v. /выходи́ть	– hinausgehen, herauskommen
	вы́лететь v./вылета́ть	– heraus-, abfliegen
при-	прийти́ v./приходи́ть	– (an-)kommen
	прие́хать v./приезжа́ть	– (an-)kommen (mit Zug usw.)
	прилете́ть v./прилета́ть	– (an-)kommen (mit dem Flugzeug)
	принести́ v./приноси́ть	– (herbei-)bringen

162 Beachte:
Von den bestimmten Verben können mit Hilfe von по- vollendete Verben gebildet werden, die den *Beginn der Handlung* bezeichnen («los-»), z. B.:
пойти́ v. – (los-)gehen, пое́хать v. – (los-)fahren, полете́ть v. – (los-)fliegen.

Stämme des Verbs

163 Ausgangspunkt für die Bildung der Verbformen sind die beiden Stämme des Verbs – der *Infinitivstamm* und der *Präsensstamm* (bzw. Stamm des vollendeten Futurs). Von jedem der beiden Stämme wird ein bestimmter Kreis von Formen gebildet:

Infinitivstamm	*Präsensstamm bzw. Stamm des v. Futurs*
Infinitiv	Präsens bzw. vollendetes Futur
Präteritum und Konjunktiv	Imperativ
Partizipien des Präteritums Aktiv und Passiv	Partizipien des Präsens Aktiv und Passiv
Adverbialpartizip auf -в(ши), -ши	Adverbialpartizip auf -я, -а

164 Den *Infinitivstamm* erhält man, wenn man vom Infinitiv -ть oder -ти abstreicht, z. B.:

Infinitiv:	чита́-ть	уча́ствова-ть	говори́-ть
Infinitivstamm:	**чита-**	**участвова-**	**говори-**

Beachte:
Um den Infinitivstamm von Verben auf -сти, -сть (↗ **169.5**) und von Verben auf -чь (↗ **169.6**) zu bestimmen, muß man vergleichend das Präsens heranziehen, z. B.:

Infinitiv:	нес-ти́	вес-ти́	мочь
Präsens:	нес-у́	вед-у́	мог-у́
Infinitivstamm:	нес-	вед-	мог-

165 Den *Präsensstamm bzw. Stamm des vollendeten Futurs* erhält man, wenn man von der 3. Person Plural des Präsens bzw. vollendeten Futurs die Personalendung -ют, -ут oder -ят, -ат abstreicht, z. B.:

3. Pers. Plur. Präsens:	чита́-ют	уча́ству-ют	говор-я́т
Präsensstamm:	**чита-**	**участву-**	**говор-**

Präsens

Bildung

166 Die Formen des Präsens werden durch *Anfügen von Personalendungen* an den Präsensstamm unvollendeter Verben gebildet. Man unterscheidet zwei Reihen von Endungen, die nach ihrem Kennvokal -e- oder -и- als Endungen der e-Konjugation und der и-Konjugation bezeichnet werden.

Beachte:
Ebenso werden die Formen des *Futurs vollendeter Verben* gebildet (↗ auch **175**).

e-Konjugation

167 Musterwörter: чита́ть вернýть v. занима́ться

Zahl	Person	Betonung auf Stamm			Betonung auf Endung	Reflexivverb (↗ **218**)
Sg.	1.	я	чита́	**ю**[1]	вернý[1]	занима́юсь
	2.	ты	чита́	**ешь**	вернёшь	занима́ешься
	3.	он, она́	чита́	**ет**	вернёт	занима́ется
Pl.	1.	мы	чита́	**ем**	вернём	занима́емся
	2.	вы	чита́	**ете**	вернёте	занима́етесь
	3.	они́	чита́	**ют**[1]	вернýт[1]	занима́ются

Beachte:
[1] -у, -ут bei Stammauslaut auf harten Konsonanten, z. B.:
éхать: я éду, ты éдешь, ... они́ **éдут**; идти́: я идý, ты идёшь, ... они́ **идýт**.

168 Nach der e-Konjugation werden *regelmäßig* vor allem gebeugt:

1. Verben auf	**-а-ть,**	**-я-ть,**	**-е-ть**	чита́ть	гуля́ть	умéть
Präsens:	-а-ю	-я-ю	-е-ю	чита́ю	гуля́ю	умéю
	-а-ешь	-я-ешь	-е-ешь	чита́ешь	гуля́ешь	умéешь
2. Verben auf	**-ова-ть,**	**-ева-ть**		уча́ствовать		воева́ть
Präsens:	-у-ю	-ю-ю[1]		уча́ствую		вою́ю
	-у-ешь	-ю-ешь[1]		уча́ствуешь		вою́ешь
3. Verben auf	**-ну-ть**			привы́кнуть v.		вернýть v.
v. Futur:	-н-у			привы́кну		вернý
	-н-ешь oder -н-ёшь			привы́кнешь		вернёшь

Beachte:
[1]-у-ю, -у-ешь bei Stammauslaut auf ц und Zischlaute, z. B.:
танцева́ть: танцýю, танцýешь.

169 Darüber hinaus werden eine Reihe von Verben *unregelmäßig* nach der e-Konjugation gebeugt (↗ 222), und zwar teils mit fester Betonung, teils mit beweglicher Betonung (Infinitiv endbetont, Ton von 2. Pers. Sing. an um eine Silbe zurückgezogen), z. B.:

1. Verben auf	**-а-ть,**	**-я-ть**	ждать	писа́ть[1]	наде́яться
Präsens:	-у	-ю	жду	пишу́	наде́юсь
	-(··)ешь	-(··)ешь	ждёшь	пи́шешь	наде́ешься

[1] Beachte den *Konsonantenwechsel* (↗ **9, 171**) *in allen Personen* des Präsens, z. B.: рассказа́ть v.: расскажу́, расска́жешь, … расска́жут

2. Verben auf	**-а-ва-ть**	дава́ть	встава́ть
Präsens:	-а-ю́	даю́	встаю́
	-а-ёшь	даёшь	встаёшь

3. Verben auf	**-я-ть, -а-ть** (nach Zischlaut)	приня́ть v.	нача́ть v.
Präsens:	-м/н-у	приму́	начну́
	-м/н-(··)ешь	при́мешь	начнёшь

4. Verben auf	**-ы-ть**	мыть
Präsens:	-о́-ю	мо́ю
	-о́-ешь	мо́ешь

5. Verben auf	**-с-ти,**	**-с-ть**	нести́	вести́
Präsens:	-с-у oder	-д-у	несу́	веду́
	-с-(··)ешь	-д-(··)ешь	несёшь	ведёшь
Verben auf	**-з-ти,**	**-з-ть**	везти́ (fahren, bringen)	
Präsens:	-з-у		везу́	
	-з-(··)ешь		везёшь	

6. Verben auf	**-чь**	мочь	помо́чь v.
Präsens:	-г-у	могу́	помогу́
	-ж-ешь	мо́жешь	помо́жешь
	-г-ут	мо́гут	помо́гут

u-Konjugation

170 Musterwörter: говори́ть учи́ться

Zahl	Person				Reflexivverb (↗ **218**)
Sg.	1.	я	говор	**ю́**[1]	учу́сь[1]
	2.	ты	говор	**и́шь**	у́чишься
	3.	он, она́	говор	**и́т**	у́чится
Pl.	1.	мы	говор	**и́м**	у́чимся
	2.	вы	говор	**и́те**	у́читесь
	3.	они́	говор	**я́т**[1]	у́чатся[1]

Beachte:
[1] -у, -ат bei Stammauslaut auf Zischlaut, z. B.:
дружи́ть: я дружу́, ты дру́жи́шь, … они́ дру́жа́т.

171 Nach der и-Konjugation werden *regelmäßig* die mehrsilbigen Verben auf -ить gebeugt, und zwar teils mit fester Betonung, teils mit beweglicher Betonung (Infinitiv endbetont, Ton von 2. Pers. Sing. an um eine Silbe zurückgezogen), z. B.:

Verben auf	**-и-ть**	говори́ть	ходи́ть	люби́ть
Präsens:	-ю oder -у (nach Zischlaut)	говорю́	хожу́[1]	люблю́[1]
	-ишь	говори́шь	хо́дишь	лю́бишь

[1] Beachte den *Konsonantenwechsel* (↗ **9, 169**) *nur in der 1. Person Singular* des Präsens, z. B.:

руководи́ть:	руковожу́,	руково́ди́шь, ...	руководя́т
проси́ть:	прошу́,	про́сишь, ...	про́сят
встре́тить v.:	встре́чу,	встре́тишь, ...	встре́тят
посети́ть v.:	посещу́,	посети́шь, ...	посетя́т
люби́ть:	люблю́,	лю́бишь, ...	лю́бят
гото́вить:	гото́влю,	гото́вишь, ...	гото́вят
знако́мить:	знако́млю,	знако́мишь, ...	знако́мят
купи́ть v.:	куплю́,	ку́пишь, ...	ку́пят

172 Darüber hinaus werden einige Verben *unregelmäßig* nach der и-Konjugation gebeugt (↗ **222**), z. B.:

1. Verben auf **-е-ть**

Präsens:	-ю oder -у (nach Zischlaut)	смотре́ть	ви́деть	лете́ть
		смотрю́	ви́жу[1]	лечу́[1]
	-ишь	смо́тришь	ви́дишь	лети́шь

[1] Beachte den Konsonantenwechsel *nur in der 1. Person Singular* des Präsens.

2. Verben auf **-я-ть** oder **-а-ть** (nach Zischlaut)

			стоя́ть	слы́шать
Präsens:	-ю	-у	стою́	слы́шу
	-ишь	-ишь	стои́шь	слы́шишь

173 *Isolierte Verben*

Einzelne Verben (z. B. бежа́ть, быть, дать v., есть, хоте́ть) werden ganz unregelmäßig konjugiert: ↗ **222.**

174 Gebrauch

Während im Deutschen Präsensformen häufig zur Kennzeichnung zukünftigen Geschehens verwendet werden, ist diese Verwendungsweise im Russischen eingeschränkt; hier werden Futurformen bevorzugt. Vgl. z. B.:

Morgen fahre ich nach Kiew.	За́втра я пое́ду (v. Futur!) в Ки́ев. Oder: За́втра я е́ду в Ки́ев.
Warte, ich helfe dir!	Подожди́, я помогу́ (v. Futur!) тебе́!

Futur

Bildung

175 Die Formen des Futurs *vollendeter Verben* werden wie die Präsensformen unvollendeter Verben gebildet (↗ **166–173**); es sind einfache Formen (↗ **7.1**).

176 Die Formen des Futurs *unvollendeter Verben* sind aus dem Futur des Hilfsverbs быть und dem Infinitiv des unvollendeten Verbs zusammengesetzt.

Musterwörter: прочита́ть v. чита́ть, учи́ться

Zahl	Person					
Sg.	1.	я	прочита́ **ю**	бу́ду		
	2.	ты	прочита́ **ешь**	бу́дешь		
	3.	он, она́	прочита́ **ет**	бу́дет		**чита́ ть**
Pl.	1.	мы	прочита́ **ем**	бу́дем		**учи́ться**
	2.	вы	прочита́ **ете**	бу́дете		
	3.	они́	прочита́ **ют**	бу́дут		

Gebrauch

177 *Beispiele für den Gebrauch der Aspekte im Futur* (↗ **148**)

Vollendete Verben bezeichnen oft:
- *Abschluß* oder *Ergebnis* einer Handlung, z. B.:
  Когда́ ты вы́учишь но́вые слова́? – Че́рез 30 мину́т.
- eine *konkrete Einzelhandlung*, z. B.:
  Я приду́ к тебе́ в три часа́.
- *zeitlich aufeinander folgende Handlungen*, z. B.:
  Мы ся́дем в авто́бус и пое́дем на о́зеро.

Unvollendete Verben bezeichnen oft:
- den *Verlauf* oder die *Dauer* einer Handlung, z. B.:
  Что ты бу́дешь де́лать по́сле обе́да? – Я бу́ду чита́ть.
- eine *sich wiederholende* oder *gewohnheitsmäßige Handlung*, z. B.:
  Я ча́сто бу́ду писа́ть тебе́.
- *zu gleicher Zeit ablaufende Handlungen*, z. B.:
  Что ты бу́дешь де́лать, когда́ Ма́ша бу́дет рабо́тать?
- die *Erwartung*, daß eine *Handlung überhaupt stattfinden wird*, z. B.:
  Что вы бу́дете зака́зывать?

178 Beachte:
Im Deutschen werden Futurformen häufig verwendet, um eine Vermutung auszudrücken. Derartige Aussagen werden im Russischen nicht durch das Futur, sondern gewöhnlich mit Hilfe von наве́рно – *wahrscheinlich* wiedergegeben. Vgl.:
Wo ist Wowa? – Er wird im Klub sein. Где Во́ва? – Он, наве́рно, в клу́бе.

Präteritum

Bildung

179 Die Formen des Präteritums werden durch *Anfügen von -л, -ла, -ло; -ли* an den Infinitivstamm vollendeter und unvollendeter Verben gebildet.

Musterwörter: читáть учи́ться

Zahl	Geschlecht			Reflexivverb (↗ **218**)
Sg.	männlich	я, ты, он читá	**л**	учи́лся
	weiblich	я, ты, онá читá	**ла**	учи́лась
	sächlich	онó читá	**ло**	учи́лось
Pl.	alle Geschlechter	мы, вы, они́ читá	**ли**	учи́лись

180 Beachte:

1. den *Ausfall von -л* in der männlichen Form des Singulars bei einigen Verben, deren Infinitivstamm auf Konsonant auslautet, z. B.:
   - bei Verben auf -сти, -зти, -зть (Infinitivstamm auf -с oder -з):
     нести́ – он нёс, онá неслá, онó неслó; они́ несли́
     везти́ – он вёз, онá везлá, онó везлó; они́ везли́;
   - bei Verben auf -чь (Infinitivstamm auf -г oder -к):
     мочь – он мог, онá моглá, онó моглó; они́ могли́
     (entsprechend: смочь v. – он смог; помóчь v. – он помóг);
   - bei den Verben auf -нуть, die das Präteritum ohne -ну- bilden:
     поги́бнуть v. – он поги́б, онá поги́бла, онó поги́бло; они́ поги́бли;
2. den *Ausfall von -д oder -т* bei Verben auf -сти, -сть in allen Formen, z. B.:
   вести́ (Präsens: ведý) – он вёл, онá велá, онó велó; они́ вели́
   (entsprechend: провести́ v. – он провёл; перевести́ v. – он перевёл);
3. das Präteritum von *идти́*: он шёл, онá шла, онó шло; они́ шли
   (entsprechend: войти́ v. – он вошёл, пойти́ v. – он пошёл, вы́йти v. – он вы́шел).

181 Die Formen des Präteritums weisen in der Regel *feste Betonung* auf dem Stamm auf. Eine Reihe von Verben hat jedoch im Präteritum *bewegliche Betonung*:

1. In der weiblichen Singularform endbetont sind viele einsilbige Verben mit vokalisch auslautendem Infinitivstamm, z. B.:
   быть – был, былá, бы́ло; бы́ли; ebenso: брать, взять v., дать v., ждать, жить u. a.
2. In allen Formen endbetont sind viele Verben auf -сти, -зти, -чь, z. B.:
   вести́ – вёл, велá, велó; вели́; ebenso: везти́ – вёз, везлá; мочь – мог, моглá u. a.

182 Gebrauch

(Beispiele für den Gebrauch der Aspekte im Präteritum ↗ **150**)

Den russischen Formen des Präteritums stehen im Deutschen die Formen des Präteritums, des Perfekts und des Plusquamperfekts gegenüber, z. B.:
он учи́лся – er lernte oder: er hat gelernt oder: er hatte gelernt.
Die treffende Übersetzung ergibt sich aus dem Sinnzusammenhang.

Konjunktiv

Bildung

183 Die Formen des Konjunktivs vollendeter und unvollendeter Verben sind aus den *Formen des Präteritums und dem Wort бы* zusammengesetzt.

Musterwörter: чита́ть учи́ться

Zahl	Geschlecht				Reflexivverb (↗ **218**)	
Sg.	männlich	я, ты, он чита́	**л**	**бы**	учи́лся	бы
	weiblich	я, ты, она́ чита́	**ла**		учи́лась	
	sächlich	оно́ чита́	**ло**		учи́лось	
Pl.	alle Geschlechter	мы, вы, они́ чита́	**ли**		учи́лись	

184 Gewöhnlich steht бы hinter der Verbform; es kann aber auch einem anderen Wort nachgestellt werden, wenn dieses hervorgehoben werden soll, z. B.:

Я э́того **не сде́лал бы.** — Ich hätte das **nicht getan.**

Я бы э́того не сде́лал. — **Ich** hätte das nicht getan.

Auf die Konjunktion е́сли folgt бы unmittelbar; mit der Konjunktion что verschmilzt бы zu что́бы (↗ **187**).

Gebrauch

185 Russischen Konjunktivformen entsprechen vielfältige deutsche Formen:
он пошёл бы – er ginge; er würde gehen; er wäre gegangen;
er gehe; er sei gegangen; er werde gehen.
Die treffende Übersetzung ergibt sich aus dem Sinnzusammenhang.

186 In *Hauptsätzen* bezeichnen die Konjunktivformen:

1. wie im Deutschen eine *nichtwirkliche*, aber unter bestimmten Bedingungen *mögliche* oder *erwünschte Handlung*, z. B.:

   Он прие́хал бы, но он бо́лен. — Er würde kommen (oder: Er wäre gekommen), aber er ist krank.

   Е́сли бы я э́то знал, я пришёл бы. (Konjunktiv in Hauptsatz und Adverbialsatz der Bedingung) — Wenn ich das gewußt hätte, wäre ich gekommen (oder: Wenn ich das wüßte, käme ich).

2. eine *höfliche Aufforderung* oder *Frage*, z. B.:

   Вы бы купи́ли э́ту кни́гу. — Sie sollten dieses Buch kaufen.

   Я хоте́л бы поговори́ть с ва́ми. — Ich möchte mit Ihnen sprechen.

   Я попроси́л бы вас помо́чь мне. — Ich möchte Sie bitten, mir zu helfen.

187 Zum Unterschied vom Deutschen treten Konjunktivformen vor allem in folgenden *Nebensätzen* auf:

1. in *Objektsätzen* mit der Konjunktion чтóбы – *daß* nach Verben wie хотéть, желáть, просúть, трéбовать u. a., wenn der Inhalt der Aussage erwünscht oder gefordert ist, z. B.:

Мáша прóсит, чтóбы я послáл ей нóвый ромáн.	Mascha bittet darum, daß ich ihr den neuen Roman schicke.
Мы трéбуем, чтóбы áтомная энéргия испóльзовалась тóлько в мúрных цéлях.	Wir fordern, daß die Atomenergie nur für friedliche Zwecke genutzt wird.

Unterscheide nach Verben des Sagens die Konjunktionen что und чтóбы:

Товáрищ сказáл мне, что Вóва купúл два билéта в кинó.	Mein Freund sagte mir, daß Wowa zwei Kinokarten besorgt habe (hat).
Товáрищ сказáл мне, чтóбы Вóва купúл два билéта в кинó.	Mein Freund sagte mir, daß Wowa zwei Kinokarten besorgen sollte.

2. in *Adverbialsätzen des Zwecks* mit der Konjunktion чтóбы – *daß, damit*, wenn Haupt- und Nebensatz verschiedene Subjekte haben, z. B.:

Он говорúл грóмко, (для тогó) чтóбы все егó слы́шали.	Er sprach laut, damit ihn alle hören konnten.

Beachte:
Deutschem *um zu* entspricht чтóбы mit Infinitiv, z. B.:

Я пришёл, чтóбы поговорúть с вáми.	Ich bin gekommen, um mit Ihnen zu reden.

188 Der Konjunktiv steht ferner in der *indirekten Rede*, wenn in der entsprechenden direkten Rede der Konjunktiv oder der Imperativ steht; vgl. z. B.:

Шýра сказáл: «Éсли бы я знал áдрес Любы, я написáл бы ей».	Шýра сказáл, что он написáл бы Любе, éсли бы знал её áдрес.
Schura sagte: «Wenn ich Ljubas Adresse wüßte, würde ich ihr schreiben.»	Schura sagte, daß er Ljuba schreiben würde, wenn er ihre Adresse wüßte.
Я попросúл дежýрную: «Разбудúте меня́, пожáлуйста, в семь часóв».	Я попросúл дежýрную, чтóбы онá разбудúла меня́ в семь часóв (oder: ... разбудúть меня́ ...).
Ich bat die Hotelangestellte: «Wecken Sie mich bitte um 7 Uhr!»	Ich bat die Hotelangestellte, mich um 7 Uhr zu wecken.

189 Beachte:
Steht in direkter Rede der Indikativ, so bleibt dieser in indirekter Rede erhalten:

Брат сказáл мне: «Я зáвтра уéду».	Брат сказáл мне, что зáвтра уéдет.
Mein Bruder sagte mir: «Morgen fahre ich weg.»	Mein Bruder sagte mir, daß er morgen wegführe (... wegfährt).

Zur Wiedergabe von Entscheidungsfragen in indirekter Rede ↗ **237**.

Imperativ

Bildung

190 Die Form des Imperativs Singular vollendeter und unvollendeter Verben wird gebildet, indem man die Endung der 3. Person Plural des Präsens bzw. vollendeten Futurs (-ют, -ут oder -ят, -ат) durch *-й, -ь oder -и* ersetzt; die Betonung richtet sich nach der 1. Person Singular.
Der Plural wird durch Anfügen von -те an den Imperativ Singular gebildet.

191 *1. Imperativ auf -й(те):*

Präsensstamm lautet auf *Vokal* aus.

Musterwörter: чита́ть (они́ чита́-ют) организова́ть (они́ организу́-ют) занима́ться (они́ занима́-ются)

Zahl			Reflexivverb (↗ **218**)
Sg. Pl.	чита́ **й!** чита́ **йте!**	организу́й! организу́йте!	занима́йся! занима́йтесь!

Nach diesem Muster wird der Imperativ vor allem von regelmäßig gebeugten Verben der e-Konjugation (↗ **168. 1** und **2**) gebildet; vgl. ferner:
петь (они́ по-ю́т): пой(те)!
смея́ться (они́ сме-ю́тся): сме́йся!, сме́йтесь!

192 *2. Imperativ auf -и(те):*

Präsensstamm lautet auf *Konsonanten* aus; ↗ jedoch **193**!

Musterwörter: говори́ть (они́ говор-я́т) запо́лнить v. (они́ запо́лн-ят) учи́ться (они́ у́ч-атся)

Zahl			Reflexivverb (↗ **218**)
Sg. Pl.	говор **и́!** говор **и́те!**	запо́лни! запо́лните!	учи́сь! учи́тесь!

Nach diesem Muster wird der Imperativ zahlreicher regelmäßig gebeugter Verben der и-Konjugation (↗ **171**) gebildet; vgl. ferner:
верну́ть v. (они́ верн-у́т): верни́(те)! (↗ **168.3**)
принести́ v. (они́ принес-у́т): принеси́(те)!
сказа́ть v. (они́ ска́ж-ут): скажи́(те)!
перевести́ v. (они́ перевед-у́т): переведи́(те)!

193 *3. Imperativ auf -ь(те):*

Präsensstamm lautet auf *einen Konsonanten* aus,
Endung der 1. Person Singular ist *nicht* betont.

Musterwörter:

отвéтить v. (я отвéч-у) (они́ отвéт-ят)	готóвить (я готóвл-ю) (они́ готóв-ят)	знакóмиться (я знакóмл-юсь) (они́ знакóм-ятся)

Zahl			Reflexivverb (↗ **218**)
Sg.	отвéт **ь**!	готóвь!	знакóмься!
Pl.	отвéт **ьте!**	готóвьте!	знакóмьтесь!

Nach diesem Muster wird ebenfalls der Imperativ zahlreicher regelmäßig gebeugter Verben der и-Konjugation (↗ **171**) gebildet; vgl. ferner:
встать v. (я встáн-у, они́ встáн-ут): встань(те)!
сесть v. (я ся́д-у, они́ ся́д-ут): сядь(те)!
забы́ть v. (я забу́д-у, они́ забу́д-ут): (не) забу́дь(те)!

194 Beachte:
Von einzelnen Verben wird der Imperativ unregelmäßig gebildet, z. B.:
быть – будь(те)!, дать v./давáть – дай(те)!/давáй(те)!,
есть – ешь(те)!, пить – пей(те)!;
ви́деть – смотри́(те)!; éхать – поезжáй(те)!

Gebrauch

195 *Beispiele für den Gebrauch der Aspekte im Imperativ* (↗ **148**)

Vollendete Verben bezeichnen oft:
– das *Interesse* des Sprechers *am Ergebnis* der Handlung, z. B.:
Дáйте мне, пожáлуйста, меню́.
Разбуди́те меня́ в семь часóв.
– die *Warnung* des Sprechers *vor einem* unerwünschten *Geschehen*, z. B.:
Не забу́дь верну́ть кни́гу в библиотéку.
Не опоздáй.

Unvollendete Verben bezeichnen oft:
– *die höfliche oder nachdrückliche Aufforderung* des Sprechers, *etwas in Angriff zu nehmen*, z. B.:
Приходи́те к нам зáвтра вéчером.
Входи́те. Раздевáйтесь.
– die *Aufforderung* des Sprechers, *etwas Unerwünschtes nicht zu tun*, z. B.:
Не приходи́те зáвтра.
Не говори́ емý об э́том.

196 Die Pluralform des Imperativs wird auch als *Höflichkeitsform* verwendet, z. B.:

Переведи́те на ру́сский язы́к.	Übersetzt ins Russische! oder: Übersetzen Sie ins Russische!
Принеси́те мне, пожа́луйста, стака́н ча́ю.	Bringen Sie mir bitte ein Glas Tee!

197 Beachte:

1. Die *1. Person Plural des vollendeten Futurs* ohne Personalpronomen drückt die Forderung eines Sprechers aus, die Handlung mit ihm gemeinsam auszuführen. Richtet der Sprecher die Aufforderung an mehrere Personen, so kann -те angefügt werden, z. B.:

Пое́дем в теа́тр!	Fahren wir ins Theater! oder: Laß uns ins Theater fahren! oder: Lassen Sie uns ins Theater fahren!
Пойдёмте в теа́тр!	Gehen wir ins Theater! oder: Laßt uns ins Theater gehen! oder: Lassen Sie uns ins Theater gehen!

Umgangssprachlich kann dieser Imperativ der gemeinsamen Handlung durch дава́й(те) verstärkt werden, z. B.:

Дава́йте пойдём купа́ться.	Kommt (los), laßt uns baden gehen!

2. Die *3. Person Singular oder Plural des vollendeten Futurs* in Verbindung mit пусть drückt eine Forderung aus, die weder den Sprecher noch den Angesprochenen einschließt, z. B.:

Пусть он придёт!	Soll er kommen! Laß ihn kommen!

Merke die Wendung да здра́вствует (здра́вствуют), z. B.:

Да здра́вствует Пе́рвое ма́я!	Es lebe der Erste Mai!

Passiv

198 Passivformen *unvollendeter transitiver Verben* können durch Anfügen von -ся (nach Konsonant) oder -сь (nach Vokal) an die entsprechenden Formen des Aktivs gebildet werden, z. B.:
стро́ить – bauen; **стро́иться** – gebaut, errichtet werden.

На э́той у́лице стро́ится но́вая гости́ница.	In dieser Straße wird ein neues Hotel gebaut.
Здесь бу́дет стро́иться но́вый промы́шленный центр.	Hier wird ein neues Industriezentrum gebaut werden.
Недалеко́ от Абака́на начала́ стро́иться больша́я ГЭС.	Unweit von Abakan wurde mit dem Bau eines großen Wasserkraftwerkes begonnen.

199 Beachte:

1. Die Bildung unvollendeter Passivformen ist auf die *3. Person Singular und Plural* beschränkt; *Subjekt* des Satzes kann nur ein *unbelebtes Substantiv* sein.
2. Wird ein *Urheber der Handlung* genannt, so steht das betreffende Wort im Instrumental, z. B.:

Э́ти маши́ны произво́дятся заво́дом «Электроси́ла».	Diese Maschinen werden vom Betrieb «Elektrosila» hergestellt.

Zu den Reflexivverben auf -ся, die aktivische Bedeutung haben, ↗ **218, 219**.

200 Passivformen *vollendeter transitiver Verben* sind zusammengesetzte Formen (↗ **7.2**); sie bestehen aus einer konjugierten Form des Hilfsverbs быть und der Kurzform des Partizips des Präteritums Passiv (↗ **213**) und stimmen als Prädikat mit dem Subjekt des Satzes in Person, Geschlecht und Zahl überein (Wiedergabe im Deutschen durch Zeitform von «werden» mit dem Partizip II). Zum Beispiel:
постро́ить v. – bauen; **быть постро́ен(-ным)** – gebaut werden.

Э́то зда́ние бы́ло постро́ено 200 лет тому́ наза́д.	Dieses Gebäude wurde vor 200 Jahren erbaut (ist vor 200 Jahren erbaut worden).
Че́рез два го́да здесь бу́дет постро́ена но́вая шко́ла.	In zwei Jahren wird hier eine neue Schule errichtet werden (... errichtet worden sein).

201 Beachte:

Wird ein *Urheber der Handlung* genannt, so steht das betreffende Wort im Instrumental, z. B.:

Го́род Петербу́рг был осно́ван Петро́м Пе́рвым в 1703 году́.	Die Stadt Petersburg wurde 1703 von Peter I. gegründet.

202 Die Kurzformen des Partizips des Präteritums Passiv können in Verbindung mit den Formen von быть auch einen *Zustand* bezeichnen, *der durch die bezeichnete Handlung herbeigeführt wurde* oder herbeigeführt werden wird (sogenanntes Zustandspassiv, Wiedergabe im Deutschen durch Zeitform von «sein» mit dem Partizip II), z. B.:

Извини́те, пожа́луйста, э́то ме́сто за́нято?	Entschuldigen Sie bitte, ist dieser Platz besetzt?
Э́тот стол зака́зан.	Dieser Tisch ist bestellt.
Вчера́ библиоте́ка была́ откры́та.	Gestern war die Bibliothek geöffnet.
За́втра музе́й бу́дет закры́т.	Morgen wird das Museum geschlossen sein.

Infinitiv

Bildung

203 Kennzeichen des Infinitivs vollendeter und unvollendeter Verben ist das *Suffix -ть*, z. B.:
читáть, учáствовать, говорúть, занимáться, учúться.

204 Einige Verben, deren Infinitivstamm auf Konsonant auslautet, haben im Infinitiv betontes -тú; Verben mit Stammauslaut auf г/к weisen im Infinitiv -чь auf. Z. B.:
нестú, вестú; мочь (Präsens: мог-ý, Präteritum: он мог; ↗ auch **169.6**).

205 Beachte:
Der *passivische Infinitiv* unvollendeter Verben kann durch Anfügen von -ся, derjenige vollendeter Verben durch die Verbindung von быть mit dem Partizip des Präteritums Passiv gebildet werden, z. B.:

стрóить пострóить v.	bauen	стрóиться быть пострóен(-ным)	gebaut werden (↗ **198–201**)

Gebrauch

206 *Beispiele für den Gebrauch der Aspekte im Infinitiv* (↗ **148**)

Der Infinitiv des *vollendeten Aspekts* steht:

– oft nach Wörtern, die ausdrücken, daß eine *Handlung erwünscht*, *notwendig*, (*nicht*) *möglich* ist, z. B.:
Я хочý посмотрéть э́тот фильм.
Нам нáдо (нýжно) заказáть нóмер в гостúнице.
Вы должны́ прочитáть э́ту кнúгу.
Не могý рассказáть всегó, я мнóгое забы́л.

Zu den Infinitivsätzen ↗ **247, 248.**

Der Infinitiv des *unvollendeten Aspekts* steht:

– oft nach Wörtern, die ausdrücken, daß eine *Handlung nicht erwünscht*, *nicht notwendig*, *nicht zweckmäßig*, *nicht zulässig* ist, z. B.:
Я не хочý смотрéть э́тот фильм.
Э́ти словá вам не нýжно учúть.
Не нáдо приходúть.
По э́той дорóге нельзя́ ходúть.

– immer nach Verben, die *Beginn*, *Fortsetzung* oder *Ende einer Handlung* bezeichnen (начáть v./начинáть, стать v. – beginnen, продолжáть, кóнчить v./кончáть), z. B.:
Он нáчал учúть рýсский язы́к в прóшлом годý.

Partizipien

207 Partizipien sind *Verbformen, die die Merkmale eines Adjektivs haben.* Als Verbformen werden sie nach dem Aspekt (unvollendet oder vollendet), der Handlungsrichtung (Aktiv oder Passiv) und der Zeit (Präsens oder Präteritum) unterschieden; wie ein Adjektiv sind sie nach Geschlecht, Zahl und Fall veränderlich und können Lang- und Kurzformen bilden.
Die *Langformen* der Partizipien, die alle der Schriftsprache angehören, werden im Satz als *Attribut* gebraucht, die *Kurzformen* als *Prädikat*.

208 Es gibt im Russischen vier Partizipien:

Musterwörter: вы́полнить v./выполня́ть

1. das Partizip des Präsens Aktiv — выполня́ющий, -ая, -ее
2. das Partizip des Präsens Passiv — выполня́емый, -ая, -ое
3. das Partizip des Präteritums Aktiv — выполня́вший, -ая, -ее und вы́полнивший, -ая, -ее (v.)
4. das Partizip des Präteritums Passiv — вы́полненный, -ая, -ое (v.)
вы́полнен, -а, -о (v.): Kurzformen

Lang- und Kurzformen hat nur das Partizip des Präteritums Passiv.

Langformen

Partizipien		Suffixe	Beispiele	
Präsens	Aktiv (↗ **209**)	-ющ-, -ущ- -ящ-, -ащ-	выполня́**ющий**	– jemand, der erfüllt
	Passiv (↗ **210**)	-ем- -им-	выполня́**емый**	– (eine Sache), die erfüllt wird
Präteritum	Aktiv (↗ **211**)	-вш- -ш-	вы́полни**вший** (v.)	– jemand, der erfüllt hat(te)
	Passiv (↗ **212**)	-нн- -ённ- (..) -т-	вы́полн**енный** (v.)	– (eine Sache), die erfüllt worden ist

Kurzformen

Partizipien	Suffixe	Beispiel	
Präteritum Passiv (↗ **213**)	-н- -ён- (..) -т-	вы́полн**ен** (v.)	– (ist) erfüllt

Langformen der Partizipien

209 *Partizip des Präsens Aktiv*

(nur von unvollendeten Verben gebildet)

	e-Konjugation	и-Konjugation
– ist zu erkennen an den *Suffixen*	**-ющ-, -ущ-** oder	**-ящ-, -ащ-**

(angefügt an den Präsensstamm) und einer adjektivischen Endung, z. B.:

выполня́**ющ**ий (zu выполня́ть) – erfüllend; jemand, der erfüllt
рабо́т**ающ**ий (zu рабо́тать) – arbeitend; jemand, der arbeitet
говор**я́щ**ий (zu говори́ть) – sprechend; jemand, der spricht
занима́**ющ**ийся (zu занима́ться) – sich beschäftigend; jemand, der sich beschäftigt

– stimmt als *Attribut* mit seinem Beziehungswort in Geschlecht, Zahl und Fall überein, z. B.:

чита́ющ**ий** ма́льчик (einfaches Attribut) – der lesende Junge oder: der Junge, der liest
хорошо́ рабо́тающ**ая** брига́д**а** (erweitertes Attribut) – die gut arbeitende Brigade oder: die Brigade, die gut arbeitet
де́вочк**а**, хорошо́ говоря́щ**ая** по-ру́сски (erweitertes nachgestelltes Attribut, in Kommas eingeschlossen) – das gut russisch sprechende Mädchen oder: das Mädchen, das gut russisch spricht

– bezeichnet eine *Nebenhandlung, die gleichzeitig mit der Haupthandlung verläuft*, und kann ins Deutsche durch ein Partizip I (-d) oder durch einen Relativsatz (mit «der, die, das» eingeleitet) übersetzt werden, z. B.:

Бо́ря перепи́сывается с **ма́льчиком** из ЧССР, хорошо́ **говоря́щим** по-ру́сски. – Borja steht mit einem Jungen aus der ČSSR in Briefwechsel, der gut russisch spricht.

На́ши друзья́ ча́сто встреча́ются во **Дворце́** культу́ры, **находя́щемся** в це́нтре го́рода. – Unsere Freunde treffen sich oft im Kulturpalast, der sich im Stadtzentrum befindet.

Объявля́ется поса́дка на **самолёт** Москва́–Берли́н, **вылета́ющий** ре́йсом № 55. – Bereitgestellt wird das Flugzeug Moskau–Berlin, Flug Nr. 55.

210 *Partizip des Präsens Passiv*

(nur von unvollendeten transitiven Verben gebildet)

	e-Konjugation		и-Konjugation
– ist zu erkennen an den *Suffixen*	**-ем-**	oder	**-им-**

(angefügt an den Präsensstamm) und einer adjektivischen Endung, z. B.:

выполня́**ем**ый (zu выполня́ть)	– (eine Sache), die erfüllt wird
изуча́**ем**ый (zu изуча́ть)	– (eine Sache), die gelernt wird
проводи́**м**ый (zu проводи́ть)	– (eine Sache), die durchgeführt wird

– stimmt als *Attribut* mit seinem Beziehungswort in Geschlecht, Zahl und Fall überein, z. B.:

проводи́м**ые** на стадио́не соревнова́ни**я** (erweitertes Attribut) oder: соревнова́ни**я**, проводи́м**ые** на стадио́не (erweitertes nachgestelltes Attribut, in Kommas eingeschlossen)	– die Wettkämpfe, die im Stadion durchgeführt werden

– kann durch ein Substantiv oder Personalpronomen im Instrumental ergänzt sein, das den *Urheber* der durch das Partizip ausgedrückten Handlung nennt, z. B.:

изуча́емая **на́ми** пробле́ма	– das von uns untersuchte Problem

– bezeichnet eine *Nebenhandlung, die gleichzeitig mit der Haupthandlung durchgeführt wird*, und kann ins Deutsche gewöhnlich durch einen Relativsatz (mit «der, die, das» eingeleitet) übersetzt werden, z. B.:

Маши́ны, производи́мые коллекти́вом автозаво́да, экспорти́руются в ра́зные стра́ны.	Die PKW, die vom Kollektiv der Automobilwerker produziert werden, werden in verschiedene Länder exportiert.
Соревнова́ния, проводи́мые на стадио́не, передаются по ра́дио.	Die Wettkämpfe, die im Stadion durchgeführt werden, werden im Rundfunk übertragen.

211 *Partizip des Präteritums Aktiv*
(von vollendeten und – seltener – von unvollendeten Verben gebildet)

	Stammauslaut auf	
	Vokal	Konsonant
– ist zu erkennen an den *Suffixen*	**-вш-** oder	**-ш-**

(angefügt an den Infinitivstamm) und einer adjektivischen Endung, z. B.:

организова́**вш**ий (zu организова́ть v.)	– jemand, der organisiert hat(te)
постро́и**вш**ий (zu постро́ить v.)	– jemand, der gebaut hat(te)
принё**сш**ий (zu принести́ v.)	– jemand, der gebracht hat(te)
приве́**дш**ий (zu привести́ v.)	– jemand, der geführt hat(te)

– stimmt als *Attribut* mit seinem Beziehungswort in Geschlecht, Zahl und Fall überein, z. B.:

прибы́вш**ая** делега́ци**я** (einfaches Attribut)	– die eingetroffene Delegation oder: die Delegation, die eingetroffen ist (war)
тури́ст, верну́вш**ийся** из Сове́тского Сою́за	– der Tourist, der aus der Sowjetunion zurückgekehrt ist (war)
ма́стер, принёсш**ий** пода́рок (erweitertes nachgestelltes Attribut, in Kommas eingeschlossen)	– der Meister, der ein Geschenk gebracht hat(te)

– bezeichnet gewöhnlich eine *Nebenhandlung, die der Haupthandlung zeitlich vorausgegangen ist,* und kann ins Deutsche durch einen Relativsatz (mit «der, die, das» eingeleitet) übersetzt werden, z. B.:

Студе́нты, получи́вшие дипло́м инжене́ра, поéдут рабо́тать в Сиби́рь.	Die Studenten, die das Diplom eines Ingenieurs erhalten haben, werden nach Sibirien fahren, um dort zu arbeiten.
Во вре́мя соревнова́ний по лёгкой атле́тике я познако́мился с **де́вушкой, око́нчившей** два го́да тому́ наза́д на́шу шко́лу.	Während der Leichtathletikwettkämpfe lernte ich ein Mädchen kennen, das vor zwei Jahren unsere Schule absolviert hatte.
В свое́й кни́ге писа́тель расска́зывает о свои́х встре́чах с молодёжными **брига́дами, рабо́тавшими** на разли́чных стро́йках.	In seinem Buch erzählt der Schriftsteller von seinen Begegnungen mit Jugendbrigaden, die auf verschiedenen Baustellen gearbeitet haben.

212 *Partizip des Präteritums Passiv*

(nur von vollendeten transitiven Verben gebildet)

	vor allem e-Konjugation		vor allem и-Konjugation		einzelne Verben (auf -нуть)
– ist zu erkennen an den *Suffixen*	**-нн-**	oder	**-енн-/-ённ-**	oder	**-т-**

(angefügt an den Infinitivstamm oder Präsensstamm) und einer adjektivischen Endung, z. B.:

зака́за**нн**ый (zu заказа́ть v.)	– bestellt; (eine Sache), die bestellt worden ist
постро́**енн**ый (zu постро́ить v.)	– gebaut; (eine Sache), die gebaut worden ist
переведё**нн**ый (zu перевести́ v., vgl. Fut. перевед-у́т)	– übersetzt; (eine Sache), die übersetzt worden ist
на́ча**т**ый (zu нача́ть v.)	– begonnen; (eine Sache), die begonnen worden ist
откры́**т**ый (zu откры́ть v.)	– geöffnet; (eine Sache), die geöffnet worden ist

– stimmt als *Attribut* mit seinem Beziehungswort in Geschlecht, Zahl und Fall überein, z. B.:

зака́занн**ый** биле́т (einfaches Attribut)	– die bestellte Karte
переимено́ванн**ая** в э́том году́ у́лиц**а** (erweitertes Attribut)	– die in diesem Jahr umbenannte Straße
автозаво́д, постро́енн**ый** в 1970 году́ (erweitertes nachgestelltes Attribut, in Kommas eingeschlossen)	– das Autowerk, das 1970 errichtet worden ist

– kann durch ein Substantiv oder Personalpronomen im Instrumental ergänzt sein, das den *Urheber* der durch das Partizip ausgedrückten Handlung nennt, z. B.:

перевы́полненный рабо́ч**ими** план	– der von den Arbeitern übererfüllte Plan

– bezeichnet eine *Nebenhandlung, die zeitlich vor der Haupthandlung durchgeführt worden ist,* und kann ins Deutsche durch ein Partizip II (-t oder -en) oder durch einen Relativsatz übersetzt werden, z. B.:

5 [50 09 17]

Мы получи́ли **зака́занные** в бюро́ обслу́живания **биле́ты.**	Wir haben die im Servicebüro bestellten Karten erhalten.
Тури́сты осмотре́ли **постро́енный** два го́да тому́ наза́д **стадио́н.**	Die Touristen besichtigten das vor zwei Jahren erbaute Stadion.
Они́ уви́дят па́мятные **места́, свя́занные** с борьбо́й моско́вского революцио́нного рабо́чего кла́сса.	Sie werden die Gedenkstätten sehen, die mit dem Kampf der revolutionären Moskauer Arbeiterklasse verbunden sind.

213 Kurzformen des Partizips des Präteritums Passiv

(nur von vollendeten transitiven Verben gebildet)

Die Kurzformen des Partizips des Präteritums Passiv sind zu erkennen

	vor allem e-Konjugation		vor allem и-Konjugation		einzelne Verben (auf -нуть; ↗ auch 169. 3/4)
an den *Suffixen*	**-н-**	oder	**-ен-/-ён-**	oder	**-т-**

und einer Endung (männlich: endungslos, weiblich: -а, sächlich: -о; Plural -ы), z. B.:

прочи́тан, -а, -о; -ы	(zu прочита́ть v.)	– durchgelesen
зака́зан, -а, -о; -ы	(zu заказа́ть v.)	– bestellt
постро́ен, -а, -о; -ы	(zu постро́ить v.)	– gebaut, errichtet
переведён, -ена́, -ено́; -ены́	(zu перевести́ v.)	– übersetzt
на́чат, -а́, -о; -ы	(zu нача́ть v.)	– begonnen
откры́т, -а, -о; -ы	(zu откры́ть v.)	– geöffnet

Die Kurzformen des Partizips des Präteritums Passiv bilden zusammen mit Formen des Hilfsverbs быть *zusammengesetzte Passivformen* und stimmen als *Prädikat* mit dem Subjekt des Satzes in Geschlecht und Zahl überein: hierzu ↗ **200**.

Adverbialpartizipien

214 Adverbialpartizipien sind *Verbformen des Aktivs, die die Merkmale eines Adverbs haben.* Mit dem Verb werden sie nach dem Aspekt (unvollendet oder vollendet) und der Zeit (Gleichzeitigkeit oder Vorzeitigkeit) unterschieden; wie ein Adverb sind sie in ihrer Form unveränderlich und werden im Satz als *Adverbialbestimmung* gebraucht.

215 Es gibt im Russischen zwei Adverbialpartizipien:

(Musterwörter: вы́полнить v./выполня́ть)

1. das Adverbialpartizip auf -я, -а — выполня́я
2. das Adverbialpartizip auf -в(ши), -ши — вы́полнив(ши)

216 Ein Adverbialpartizip

– ist zu erkennen an den *Suffixen* **-я** oder **-а** (nach Zischlaut)

(vorwiegend von unvollendeten Verben, angefügt an den Präsensstamm),

-в(ши) oder **-ши** (nach Konsonant)

(fast nur von vollendeten Verben, angefügt an den Infinitivstamm), z. B.:

чита́**я**	(zu чита́ть)	прочита́**в**(ши)	(zu прочита́ть v.)
образу́**я**	(zu образова́ть – bilden)	организова́**в**(ши)	(zu организова́ть v.)
говор**я́**	(zu говори́ть)	получи́**в**(ши)	(zu получи́ть v.)
войд**я́**	(zu войти́ v.!)	уви́де**в**(ши)	(zu уви́деть v.)
лёж**а**	(zu лежа́ть)	принёс**ши**	(zu принести́ v.)

– bezeichnet eine *Nebenhandlung, die* als Adverbialbestimmung *die Haupthandlung des Satzes näher erläutert*; dabei bezieht sich die Nebenhandlung stets auf das gleiche Subjekt wie die Haupthandlung, z. B.:

Они́ шли по у́лице **разгова́ривая.** — **Sie** gingen die Straße entlang, während **sie** sich unterhielten.

Повы́сив свою́ квалифика́цию, **Андре́й перешёл** на но́вую рабо́ту. — Nachdem sich **Andrej** qualifiziert hatte, übernahm **er** eine neue Arbeit.

Meist ist das Adverbialpartizip durch ein Objekt oder eine Adverbialbestimmung erweitert; es wird dann vom übrigen Satzteil durch Kommas abgetrennt.

Ein Adverbialpartizip
– des *unvollendeten Aspekts* bezeichnet in der Regel eine *Nebenhandlung, die gleichzeitig mit der Haupthandlung verläuft*, z. B.:

Рабо́тая в ко́смосе, космона́вты **собира́ют (собира́ли)** це́нный материа́л.	Während die Kosmonauten im Kosmos arbeiten (arbeiteten), sammeln (sammelten) sie wertvolles Material. Oder: Während ihrer Arbeit im Kosmos sammeln (sammelten) die Kosmonauten wertvolles Material.

– des *vollendeten Aspekts* bezeichnet in der Regel eine *Nebenhandlung, die der Haupthandlung des Satzes zeitlich vorausgegangen ist*, z. B.:

Облете́в Зе́млю 48 раз, спу́тник **верну́лся** на на́шу плане́ту.	Nachdem der Sputnik die Erde 48mal umkreist hatte, kehrte er auf unseren Planeten zurück.
Облете́в Зе́млю 48 раз, спу́тник **вернётся** на на́шу плане́ту.	Wenn der Sputnik die Erde 48mal umkreist hat, wird er auf unseren Planeten zurückkehren. Oder: Nach 48 Erdumkreisungen wird der Sputnik ...

217 Zur Wiedergabe im Deutschen

1. Adverbialpartizipien werden im Deutschen häufig durch einen *Adverbialsatz* wiedergegeben, z. B.:
   – durch einen Adverbialsatz der Zeit (Einleitung durch *während*, *als*, *nachdem*):

Начина́я э́ту рабо́ту, я не ду́мал, что она́ бу́дет тако́й тру́дной.	**Als** ich diese Arbeit begann, dachte ich nicht, daß sie so schwierig würde.
Уча́сь в институ́те, мой брат одновре́ме́нно рабо́тал на заво́де.	**Während** mein Bruder an der Hochschule studierte, arbeitete er gleichzeitig im Betrieb. Oder: **Während** seines Hochschulstudiums arbeitete mein Bruder gleichzeitig im Betrieb.
Верну́вшись домо́й, он сейча́с же сел за рабо́ту.	(**Nachdem** er) nach Hause zurückgekehrt (war), setzte er sich gleich an die Arbeit.

– durch einen Adverbialsatz der Art und Weise (Einleitung durch *indem* oder – verneint – *ohne zu*):

На́дя провела́ о́тпуск, гуля́я с утра́ до ве́чера.	Nadja verbrachte ihren Urlaub, **indem** sie von morgens bis abends spazierenging.
Ничего́ не говоря́, он вы́шел из ко́мнаты.	**Ohne** etwas **zu** sagen, verließ er das Zimmer.

– durch einen Adverbialsatz des Grundes (Einleitung durch *da*, *weil*):

Жела́я учи́ться да́льше, Во́ва гото́вится к экза́менам в университе́т.	**Da** Wowa weiterlernen möchte, bereitet er sich auf die Aufnahmeprüfung an der Universität vor.
Потеря́в но́мер ва́шего телефо́на, я не смог позвони́ть вам.	**Da** ich Ihre Telefonnummer verloren hatte, konnte ich Sie nicht anrufen.

– durch einen Adverbialsatz der Bedingung (Einleitung durch *wenn*):

Не поня́в пра́вило, вы не смо́жете реши́ть э́ту зада́чу.	**Wenn** Sie die Regel nicht verstanden haben, können Sie diese Aufgabe nicht lösen.

2. Gelegentlich können Adverbialpartizipien auch wiedergegeben werden

– durch ein *Partizip*, z. B.:

Я стоя́л в коридо́ре, ожида́я това́рища.	Den Freund **erwartend,** stand ich im Gang.

– durch eine *Adverbialbestimmung* mit einem Substantiv, z. B.:

Вчера́, возвраща́ясь из теа́тра, мы встре́тили на́шего знако́мого.	**Beim Heimweg** aus dem Theater trafen wir gestern unseren Bekannten.

– durch ein *zweites Prädikat*, z. B.:

Уви́дев меня́, Бори́с поздоро́вался.	Boris **erblickte und begrüßte** mich.

Reflexivverben

218 Die Reflexivverben des vollendeten und des unvollendeten Aspekts sind mit dem Suffix -ся (nach Konsonant) oder -сь (nach Vokal) gebildet (↗ jedoch **221**).
Reflexivverben sind stets intransitiv, das heißt, sie können nicht mit einem direkten Objekt im Akkusativ verbunden werden.

219 Beachte:

1. Einigen Reflexivverben entspricht im Deutschen ein nichtreflexives Verb, z. B.:
   останови́ться v./остана́вливаться – anhalten, stehenbleiben
   смея́ться – lachen
   учи́ться (чему́) – lernen (etwas)
2. Bei einigen Reflexivverben dieser Gruppe drückt -ся aus, daß das Verb im Satz *ohne Akkusativobjekt* verwendet wird (z. B. нача́ться v./начина́ться – beginnen, ко́нчиться v./конча́ться – enden). Vgl.:
   Учи́тель начина́ет (что?) уро́к. – Der Lehrer beginnt die Stunde.
   Уро́к начина́**ется** в 8 часо́в. – Die Stunde beginnt um 8 Uhr.

Zu den Passivformen unvollendeter Verben mit -ся ↗ **198, 199**.

220 *Formenbestand*

Musterwort: занима́ться

Indikativ Präsens		Präteritum	Imperativ
я	занима́ю**сь**		
ты	занима́ешь**ся**		занима́й**ся**!
он / она́	занима́ет**ся**	я, ты, он занима́л**ся** я, ты, она́ занима́ла**сь**	
мы	занима́ем**ся**	мы, вы, они́ занима́ли**сь**	
вы	занима́ете**сь**		занима́йте**сь**!
они́	занима́ют**ся**		
Partizip des Präsens Aktiv	занима́ющий**ся**, занима́ющая**ся**[1], занима́ющее**ся**[1]		
Partizip des Präteritums Aktiv	занима́вший**ся**, занима́вшая**ся**[1], занима́вшее**ся**[1]		
Adverbialpartizipien	занима́я**сь**; занима́вши**сь**		

221 Beachte:

[1] Die Partizipien der Reflexivverben haben immer (auch nach Vokal) -ся.

222 Alphabetisches Verzeichnis wichtiger unregelmäßiger Verben

Im Verzeichnis werden nur unregelmäßig konjugierte Verben aufgeführt;
zur regelmäßigen e-Konjugation ↗ **167, 168**,
zur regelmäßigen и-Konjugation ↗ **170, 171**.
Die Angaben zu jedem Verb enthalten:
- den *Infinitiv* (in Klammern wird die deutsche Grundbedeutung angegeben);
- die Leitformen des *Präsens oder vollendeten Futurs* (in der Regel die 1. und die 2. Person Singular);
- den *Imperativ* (im Singular);
- das *Präteritum*, wenn es unregelmäßig gebildet wird (zur regelmäßigen Bildung ↗ **179**).

бежа́ть (laufen, rennen):	бегу́, бежи́шь, бегу́т; беги́!
бере́чь (hüten):	берегу́, бережёшь, берегу́т; береги́!; берёг, берегла́
бить (schlagen):	бью, бьёшь; бей!
боле́ть (weh tun):	1. u. 2. Pers. ungebr., боли́т; beachte jedoch:
боле́ть (krank sein):	боле́ю, боле́ешь (↗ **167**)
боро́ться (kämpfen):	борю́сь, бо́решься; бори́сь!
боя́ться (sich fürchten):	бою́сь, бои́шься; бо́йся!
брать (nehmen):	беру́, берёшь; бери́!; брал, -а́, -о; ebenso:
вы́брать v. (auswählen):	вы́беру, вы́берешь; вы́бери!
собра́ть v. (sammeln):	соберу́, соберёшь; собери́!; собра́л, -а́, -о
убра́ть v. (wegnehmen):	уберу́, уберёшь; убери́!; убра́л, -а́, -о
быть (sein):	1. u. 2. Pers. ungebr., есть (суть); Fut. бу́ду, бу́дешь; будь!; был, -а́, -о; ebenso:
прибы́ть v. (ankommen):	прибу́ду, прибу́дешь; прибу́дь!; при́был, -а́, -о
везти́ (fahren, bringen):	везу́, везёшь; вези́!; вёз, везла́, -о́
верте́ть (drehen):	верчу́, ве́ртишь; верти́!
вести́ (führen):	веду́, ведёшь; веди́!; вёл, вела́, -о́; ebenso:
провести́ v. (durchführen):	проведу́, проведёшь; проведи́!; провёл, провела́, -о́
взять v. (nehmen):	возьму́, возьмёшь; возьми́!; взял, взяла́, -о
ви́деть (sehen):	ви́жу, ви́дишь; (смотри́!); ebenso:
уви́деть v. (erblicken):	уви́жу, уви́дишь
висе́ть (hängen):	1. u. 2. Pers. ungebr., виси́т
возни́кнуть v. (entstehen):	1. u. 2. Pers. ungebr., возни́кнет; возни́к, возни́кла, -о
войти́ v. ↗ идти́	
встава́ть (aufstehen):	встаю́, встаёшь; встава́й!
встать v. (aufstehen):	вста́ну, вста́нешь; встань!

вы́брать v. ↗ брать	
вы́йти v. ↗ идти́	
вы́лететь v. ↗ лете́ть	
вы́писать v. ↗ писа́ть	
вы́пить v. ↗ пить	
вы́расти v. ↗ расти́	
гляде́ть (schauen, blicken):	гляжу́, гляди́шь; гляди́!
горе́ть (brennen):	горю́, гори́шь
дава́ть } (geben):	даю́, даёшь; дава́й!
дать v.	дам, дашь, даст, дади́м, дади́те, даду́т; дай!; дал, -а́, да́ло́
	ebenso:
переда́ва́ть } (übergeben):	передаю́, передаёшь; передава́й!
переда́ть v.	переда́м, переда́шь, ...; пе́реда́л, -а́, пе́реда́ло
сдава́ть } (abgeben):	сдаю́, сдаёшь; сдава́й!
сдать v.	сдам, сдашь ...
держа́ть (halten):	держу́, де́ржишь; держи́!
дое́хать v. ↗ е́хать	
дойти́ v. ↗ идти́	
достава́ть } (nehmen, holen):	достаю́, достаёшь; достава́й!
доста́ть v.	доста́ну, доста́нешь; доста́нь!
дости́чь v. (erreichen):	дости́гну, дости́гнешь; дости́гни!; дости́г, дости́гла, -о
дыша́ть (atmen):	дышу́, ды́шишь; дыши́!
есть (essen):	ем, ешь, ест, еди́м, еди́те, едя́т; ешь!; ел
есть ↗ auch быть	
е́хать (fahren):	е́ду, е́дешь; (поезжа́й!);
	ebenso:
дое́хать v. (hinfahren):	дое́ду, дое́дешь
перее́хать v. (hinüberfahren):	перее́ду, перее́дешь
пое́хать v. (losfahren):	пое́ду, пое́дешь; поезжа́й!
прие́хать v. (ankommen):	прие́ду, прие́дешь
прое́хать v. (durchfahren):	прое́ду, прое́дешь
уе́хать v. (wegfahren):	уе́ду, уе́дешь
ждать (warten):	жду, ждёшь; жди!; ждал, -а́, -о;
	ebenso:
подожда́ть v. (warten):	подожду́, подождёшь; подожди́!; подожда́л, -а́, -о
жить (leben, wohnen):	живу́, живёшь; живи́!; жил, -а́, -о
зайти́ v. ↗ **идти́**	
забы́ть v. (vergessen):	забу́ду, забу́дешь; забу́дь!
зави́сеть (abhängen):	зави́шу, зави́сишь
заказа́ть v. (bestellen):	закажу́, зака́жешь; закажи́!;
	ebenso:
показа́ть v. (zeigen):	покажу́, пока́жешь; покажи́!
указа́ть v. (zeigen):	укажу́, ука́жешь; укажи́!

закры́ть v. (schließen):	закро́ю, закро́ешь; закро́й!; ebenso:
откры́ть v. (öffnen):	откро́ю, откро́ешь; откро́й!
заня́ть v. (einnehmen):	займу́, займёшь; займи́!; за́нял, -а́, -о
заня́ться v. (sich beschäftigen):	займу́сь, займёшься; займи́сь!; занялся́, заняла́сь, -ло́сь
звать (rufen, nennen):	зову́, зовёшь; зови́!; звал, -а́, -о; ebenso:
назва́ть v. (nennen):	назову́, назовёшь; назови́!; назва́л, -а́, -о
звуча́ть (klingen):	1. u. 2. Pers. ungebr., звучи́т
идти́ (gehen):	иду́, идёшь; иди́!; шёл, шла, шло, шли; ebenso:
войти́ v. (hineingehen):	войду́, войдёшь; войди́!; вошёл, вошла́, вошло́
вы́йти v. (hinausgehen):	вы́йду, вы́йдешь; вы́йди!; вы́шел, вы́шла, вы́шло
дойти́ v. (gehen bis):	дойду́, дойдёшь; дойди́!; дошёл, дошла́, дошло́
зайти́ v. (vorbeikommen):	зайду́, зайдёшь; зайди́!; зашёл, зашла́, зашло́
перейти́ v. (hinübergehen):	перейду́, перейдёшь; перейди́!; перешёл, перешла́, перешло́
подойти́ v. (herankommen):	подойду́, подойдёшь; подойди́!; подошёл, подошла́, подошло́
пойти́ v. (losgehen):	пойду́, пойдёшь; пойди́!; пошёл, пошла́, пошло́
прийти́ v. (ankommen):	приду́, придёшь; приди́!; пришёл, пришла́, пришло́
пройти́ v. (hindurchgehen):	пройду́, пройдёшь; пройди́!; прошёл, прошла́, прошло́
уйти́ v. (weggehen):	уйду́, уйдёшь; уйди́!; ушёл, ушла́, ушло́
иска́ть (suchen):	ищу́, и́щешь; ищи́!
каза́ться (scheinen):	кажу́сь, ка́жешься
класть (legen):	кладу́, кладёшь; клади́!; клал
кре́пнуть (erstarken):	кре́пну, кре́пнешь; кре́пни!; креп (кре́пнул), кре́пла, -о
крича́ть (schreien):	кричу́, кричи́шь; кричи́!
лежа́ть (liegen):	лежу́, лежи́шь; лежи́!
лете́ть (fliegen):	лечу́, лети́шь; лети́!; ebenso:
вы́лететь v. (abfliegen):	вы́лечу, вы́летишь; вы́лети!
прилете́ть v. (ankommen):	прилечу́, прилети́шь; прилети́!
улете́ть v. (fortfliegen):	улечу́, улети́шь; улети́!
лечь v. (sich hinlegen):	ля́гу, ля́жешь, ля́гут; ляг!; лёг, легла́, -о́
лить (gießen):	лью, льёшь; лей!; лил, -а́, -о; ebenso:
нали́ть v. (eingießen):	налью́, нальёшь; нале́й!; на́лил, -а́, -о
маха́ть (winken):	машу́, ма́шешь; маши́!
молча́ть (schweigen):	молчу́, молчи́шь; молчи́!
мочь (können):	могу́, мо́жешь, мо́гут; мог, могла́, -о́;
помо́чь v. ↗ dort	ebenso:
смочь v.	смогу́, смо́жешь, смо́гут; смог, смогла́, -о́

мыть (waschen): мо́ю, мо́ешь; мой!

наде́ть v. (etwas anziehen): наде́ну, наде́нешь; наде́нь!; ebenso:

оде́ть v. (jmdn. anziehen): оде́ну, оде́нешь; оде́нь!

наде́яться (hoffen): наде́юсь, наде́ешься; наде́йся!

назва́ть v. ↗ звать

найти́ v. (finden): найду́, найдёшь; найди́!; нашёл, нашла́, -о́

нали́ть v. ↗ лить

написа́ть v. ↗ писа́ть

нача́ть v. (etwas beginnen): начну́, начнёшь; начни́!; на́чал, -а́, -о

нача́ться v. (anfangen): 1. u. 2. Pers. ungebr., начнётся; начался́, начала́сь, -о́сь

нести́ (tragen): несу́, несёшь; неси́!; нёс, несла́, -о́; ebenso:

принести́ v. (bringen): принесу́, принесёшь; принеси́!; принёс, принесла́, -о́

оде́ть v. ↗ наде́ть v.

оказа́ть v. (erweisen): окажу́, ока́жешь; окажи́!

оказа́ться v. (sich erweisen): окажу́сь, ока́жешься

осмотре́ть v. ↗ смотре́ть

остава́ться } (bleiben): остаю́сь, остаёшься; остава́йся!

оста́ться v. } (bleiben): оста́нусь, оста́нешься; оста́нься!

отказа́ться v. (verzichten): откажу́сь, отка́жешься; откажи́сь!

откры́ть v. ↗ закры́ть

ошиби́ться v. (sich irren): ошибу́сь, ошибёшься; ошиби́сь!; оши́бся, оши́блась, -лось

пасть v. (fallen): паду́, падёшь; пал

попа́сть v. (gelangen, geraten): попаду́, попадёшь; попа́л

перевести́ v. (übersetzen): переведу́, переведёшь; переведи́!; перевёл, перевела́, -о́

передава́ть ↗ дава́ть

переда́ть v. ↗ дать v.

перее́хать v. ↗ е́хать

перейти́ v. ↗ идти́

пересе́сть v. ↗ сесть v.

петь (singen): пою́, поёшь; пой!

писа́ть (schreiben): пишу́, пи́шешь; пиши́!; ebenso:

вы́писать v. (herausschreiben): вы́пишу, вы́пишешь; вы́пиши!

написа́ть v. (schreiben): напишу́, напи́шешь; напиши́!

пить (trinken): пью, пьёшь; пей!; пил, пила́, -о; ebenso:

вы́пить v. (austrinken): вы́пью, вы́пьешь; вы́пей!; вы́пил, -а, -о

пла́кать (weinen): пла́чу, пла́чешь; плачь!

плыть (schwimmen): плыву́, плывёшь; плыви́!; плыл, -а́, -о

поги́бнуть v. (umkommen): поги́бну, поги́бнешь; поги́б, поги́бла, -о

подня́ть v. (hochheben): подниму́, подни́мешь; подними́!; по́днял, -а́, -о

подня́ться v. (hinaufsteigen):	поднимýсь, подни́мешься; поднимúсь!; поднялся́, поднялáсь, -óсь
подождáть v. ↗ ждать	
подойти́ v. ↗ идти́	
поéхать v. ↗ éхать	
пойти́ v. ↗ идти́	
показáть v. ↗ заказáть v.	
помóчь v. (helfen):	помогý, помóжешь, помóгут; помоги́!; помóг, помоглá, -ó
поня́ть v. (verstehen):	поймý, поймёшь; пойми́!; пóнял, -á, -о
попáсть v. ↗ пасть v.	
послáть v. ↗ слать	
посмотрéть v. ↗ смотрéть	
прибы́ть v. ↗ быть	
привы́кнуть v. (sich gewöhnen):	привы́кну, привы́кнешь; привы́кни!; привы́к, привы́кла, -о
приéхать v. ↗ éхать	
прийти́ v. ↗ идти́	
прийти́сь v. (unpers., nötig sein):	придётся; пришлóсь
прилетéть v. ↗ летéть	
принести́ v. ↗ нести́	
приня́ть v. (annehmen):	примý, при́мешь; прими́!; при́нял, -á, -о
прислáть v. ↗ слать	
провести́ v. ↗ вести́	
продавáть } (verkaufen):	продаю́, продаёшь; продавáй!
продáть v. }	продáм, продáшь, продáст, продади́м, продади́те, продадýт; продáй!; прóдал, -á, -о
проéхать v. ↗ éхать	
произвести́ v. (erzeugen):	произведý, произведёшь; произведи́!; произвёл, произвелá, -ó
пройти́ v. ↗ идти́	
пря́тать (verstecken):	пря́чу, пря́чешь; прячь!
рассказáть v. ↗ сказáть v.	
расти́ (wachsen):	растý, растёшь; расти́!; рос, рослá, -ó; ebenso:
вы́расти v. (wachsen):	вы́расту, вы́растешь; вы́расти!; вы́рос, вы́росла, -о
рéзать (schneiden):	рéжу, рéжешь; режь!
связáть v. (verbinden):	свяжý, свя́жешь
сдавáть } ↗ { давáть	
сдать v. } ↗ { дать v.	
сесть v. (sich setzen):	ся́ду, ся́дешь; сядь!; сел; ebenso:
пересéсть v. (umsteigen):	пересяду, переся́дешь; переся́дь!; пересéл
сидéть (sitzen):	сижý, сиди́шь; сиди́!
сказáть v. (sagen):	скажý, скáжешь; скажи́!; ebenso:
рассказáть v. (erzählen):	расскажý, расскáжешь; расскажи́!

слать (schicken):	шлю, шлёшь; шли!; ebenso:
посла́ть v. (schicken):	пошлю́, пошлёшь; пошли́!
присла́ть v. (herschicken):	пришлю́, пришлёшь; пришли́!
слы́шать (hören):	слы́шу, слы́шишь; ebenso:
услы́шать v. (hören):	услы́шу, услы́шишь; услы́шь!
смея́ться (lachen):	смею́сь, смеёшься; сме́йся!
смотре́ть (sehen, schauen):	смотрю́, смо́тришь; смотри́!; ebenso:
осмотре́ть v. (besichtigen):	осмотрю́, осмо́тришь; осмотри́!
посмотре́ть v. (sehen, schauen):	посмотрю́, посмо́тришь; посмотри́!
смочь v. ↗ мочь	
снять v. (herunternehmen):	сниму́, сни́мешь; сними́!; снял, -á, -о
собра́ть v. ↗ брать	
создава́ть (schaffen):	создаю́, создаёшь; создава́й!
созда́ть v. (schaffen):	созда́м, созда́шь, созда́ст, создади́м, создади́те, создаду́т; созда́й!; со́зда́л, -á, со́зда́ло
состоя́ться v. (stattfinden):	1. u. 2. Pers. ungebr., состои́тся
спасти́ v. (retten):	спасу́, спасёшь; спаси́!; спас, спасла́, -ó
спать (schlafen):	сплю, спишь; спи!; спал, -á, -о
стать v. (anfangen; werden):	ста́ну, ста́нешь; стань!
стоя́ть (stehen):	стою́, стои́шь; стой!
та́ять (tauen):	1. u. 2. Pers. ungebr., та́ет
течь (fließen):	1. u. 2. Pers. ungebr., течёт, теку́т; тёк, текла́, -ó
убра́ть v. ↗ брать	
уви́деть v. ↗ ви́деть	
уе́хать v. ↗ е́хать	
узнава́ть (erkennen):	узнаю́, узнаёшь; узнава́й!
уйти́ v. ↗ идти́	
указа́ть v. ↗ заказа́ть v.	
улете́ть v. ↗ лете́ть	
умере́ть v. (sterben):	умру́, умрёшь; у́мер, умерла́, -о
услы́шать v. ↗ слы́шать	
уста́ть v. (müde werden):	уста́ну, уста́нешь
хоте́ть (wollen):	хочу́, хо́чешь, хо́чет, хоти́м, хоти́те, хотя́т
хоте́ться (wollen):	1. u. 2. Pers. ungebr., хо́чется; хоте́лось
шуме́ть (lärmen):	шумлю́, шуми́шь; (не) шуми́!

Adverb

Einteilung

223 Nach ihrer Bedeutung unterscheidet man:

1. Adverbien des *Ortes*, z. B.:
где? здесь – там, везде́ – где́-нибудь – нигде́, сле́ва – спра́ва;
куда́? сюда́ – туда́, куда́-нибудь – никуда́, нале́во – напра́во;
отку́да? отсю́да – отту́да;
2. Adverbien der *Zeit*, z. B.:
когда́? тепе́рь/сейча́с – пото́м, всегда́ – иногда́ – никогда́, вчера́;
3. Adverbien der *Art und Weise* (как?, каки́м о́бразом?):
Adverbien, die von Adjektivstämmen abgeleitet sind, und zwar mit

-о/-е	(der Form nach stimmen diese Adverbien mit der sächlichen Kurzform des Adjektivs überein), z. B.: ве́сел**о**, интере́сн**о**, отли́чн**о**, пло́х**о**, хорош**о́**; кра́йн**е**
-и	(bei Stammauslaut auf -ск, teils mit Präfix по-), z. B.: (по-) дру́жеск**и**, **по**-ру́сск**и**;
-ому	(mit Präfix по-), z. B.: **по**-н**о́вому**;

4. Adverbien des *Grades*, z. B.: в како́й сте́пени? почти́, о́чень, совсе́м;
5. Adverbien des *Grundes*, z. B.: почему́? поэ́тому, потому́.

224 Beachte die besonderen Gruppen von Adverbien:
1. *unbestimmte Adverbien* (↗ auch **138**):

-нибудь	(gleichgültig)	где́-нибудь *irgendwo*	куда́-нибудь *irgendwohin*	когда́-нибудь *irgendwann*
-то	(unbekannt)	где́-то	куда́-то	когда́-то
ко́е-	(offengelassen)	ко́е-где́ *hier und da*		

Für den Gebrauch dieser Adverbien gelten die gleichen Regeln wie für den Gebrauch der unbestimmten Pronomen (↗ **140–142**), z. B.:

На́до где́-нибудь пообе́дать.	Wir müssen irgendwo (gleichgültig wo) zu Mittag essen.
Он живёт где́-то далеко́.	Er wohnt irgendwo (unbekannt wo) weit draußen.

2. *Negativadverbien* (↗ auch **143**):

ни-	нигде́ *nirgends*	никуда́ *nirgendwohin*	никогда́ *niemals*
не́-	не́где (*es ist*) *nirgends Platz*	не́куда (*es ist*) *kein Platz, wohin …*	не́когда (*es ist*) *keine Zeit*

In einem Satz, der ein mit ни- gebildetes Negativadverb enthält, muß das Prädikat durch не verneint werden (↗ auch **145**), z. B.:

Он **нигде́ не** мог найти́ свои́ ключи́. Er konnte nirgends seine Schlüssel finden.

Zum Gebrauch der mit не́- gebildeten Negativadverbien ↗ **250.2**.

225 Im Satz tritt das Adverb in der Regel als *Adverbialbestimmung* auf.

226 Die *prädikativen Adverbien* (oder Zustandswörter) treten *in unpersönlichen Sätzen als Prädikat* oder Teil des Prädikats auf (↗ **249**, **250**).
Diese Wörter bezeichnen:
1. einen Zustand, z. B.: тепло́ – хо́лодно, ве́село;
2. die Möglichkeit, Zulässigkeit oder Notwendigkeit, z. B.:

мо́жно	– man kann, darf	нельзя́	– man kann (darf) nicht
на́до, ну́жно	– man muß, soll	не на́до	– man braucht nicht
возмо́жно	– es ist möglich	невозмо́жно	– es ist nicht möglich

Steigerung

227 Von zahlreichen Adverbien auf -o werden Steigerungsformen gebildet.

228 Die *einfachen Komparativformen* der Adverbien auf -o stimmen mit den Komparativformen der entsprechenden Adjektive überein (↗ **75**, **76**), z. B.:
ве́село: веселе́е   интере́сно: интере́снее   далеко́: да́льше
Sind die Komparativformen mit по- verbunden, so drücken sie eine Abschwächung (*etwas*) oder eine Verstärkung (*möglichst*) aus, z. B.:
Напиши́те нам поскоре́й! Schreiben Sie uns möglichst bald!

229 Deutschem *als* beim Komparativ entspricht чем (nach Komma) oder der Genitiv des Vergleichswortes, z. B.:
Ты э́то зна́ешь лу́чше меня́ Du weißt das besser als ich.
(oder: … лу́чше, чем я).

230 Der *Superlativ* der Adverbien auf -o wird meist durch die einfache Komparativform mit dem Genitiv всех oder всего́ ausgedrückt, z. B.:
Он бежи́т **быстре́е всех.** Er läuft am schnellsten.
Он **бо́льше всего́** лю́бит шокола́д. Am meisten liebt er Schokolade.

231 Grundbedeutung und Rektion wichtiger Präpositionen

Fälle	Präpositionen mit 1 Fall	Präpositionen mit 2 Fällen	Präpositionen mit 3 Fällen
Gen.	**без** ohne **вме́сто** anstatt **во вре́мя** während **вокру́г** um … herum **для** für **до** bis; vor **из** aus **из-за** hinter … hervor; wegen **кро́ме** außer **ми́мо** vorüber … an **о́коло** neben, an **от** von **по́сле** nach **про́тив** gegenüber **ра́ди** um … willen **среди́** inmitten **у** bei, an		**с** von
Dat.	**благодаря́** dank **к** zu **навстре́чу** entgegen		**по** durch, entlang; wegen
Akk.	**про** über, von **сквозь** durch **спустя́** nach **че́рез** über, durch	**в** in **за** hinter; für **на** auf **под** unter **о** gegen	**с** etwa **по** bis
Instr.	**ме́жду** zwischen **над** über **перед** vor	**за** hinter **под** unter	**с** mit
Präp.	**при** bei, an	**в** in **на** auf **о** über, von	**по** nach

Beachte:

1. Den Präpositionen без, в, из, к, над, от, перед, под, с wird zuweilen ein -о angehängt, wenn das folgende Wort mit zwei oder mehreren Konsonanten beginnt:
   во всех стра́нах ми́ра, передо мной, со стола́.

   Die Präposition о wird vor vokalischem Anlaut zu об:
   об успе́хе. Merke: **обо** мне, **обо** всём.
2. Die Präpositionen stehen allgemein vor dem regierten Wort; **ра́ди, навстре́чу, спустя́** können aber auch nachgestellt werden.

Zum Gebrauch der Präpositionen:
bei Angaben der Zeit ↗ **278–281**; bei Angaben des Ortes ↗ **288–293**; bei Angaben des Grundes ↗ **294**; bei Angaben des Zwecks ↗ **295**; bei Verben ↗ **268–272**.

232 Wiedergabe einiger deutscher Präpositionen

(Erläuterungen zur Übersicht auf Seite 79)

an:

о́коло + Gen.	– *neben, unweit von*	Стол стои́т о́коло окна́.
у + Gen.	– 1. *in unmittelbarer Nähe von*	сиде́ть у окна́; стоя́ть у ста́нции метро́
	– 2. *an einem Arbeitsplatz*	рабо́тать у станка́
на + Akk./Präp.	– *unmittelbar an einen/einem Ort*	идти́ на́ реку; Карти́на виси́т на стене́.

bei:

у + Gen.	– *zusammen mit jmdm.*	жить у роди́телей; отдыха́ть у друзе́й
при + Präp.	– 1. (Vorhandensein)	име́ть при себе́ бума́гу; Докуме́нты при мне.
	– 2. (Umstand)	чита́ть при све́те ла́мпы

bis:

до + Gen.	– 1. (Ort)	До Москвы́ оста́лось 40 киломе́тров.
	– 2. (Zeit)	ждать до ве́чера; де́ти до 14 лет
по + Akk.	– (Zeit) *bis einschließlich*	с 20 по 25 мая; Вы́ставка откры́та по сего́дняшний день.

durch:

по + Dat.	– (räumlich) *innerhalb*	идти́ по́ лесу; экску́рсия по Ки́еву
че́рез + Akk.	– 1. (räumlich) *quer durch*	е́хать че́рез весь го́род
	– 2. *durch eine Mittelsperson*	переда́ть (v.) письмо́ че́рез дру́га
сквозь + Akk.	– *durch etwas Dichtes hindurch*	пробира́ться сквозь толпу́

für:

для + Gen.	– *für jmdn. bestimmt*	купи́ть (v.) молоко́ для дете́й; Э́то для вас.
за + Akk.	– 1. (Ziel)	боро́ться за мир
	– 2. (Grund)	благодари́ть за по́мощь
	– 3. (Gegenwert)	купи́ть (v.) что́-нибудь за 5 ма́рок
	– 4. (Vertretung)	Сде́лай э́то за меня́!
на + Akk.	– *für einen Zeitraum von*	на ме́сяц; на две неде́ли

gegen:

про́тив + Gen. / с + Instr.	(Gegenwirkung)	боро́ться про́тив врага́ (с враго́м)
от + Gen.	– (Gegenmittel)	сре́дство от ка́шля
о́коло + Gen.	– (Zeit)	о́коло четырёх часо́в

nach:

по́сле + Gen.	– (Zeit)	по́сле рабо́ты; по́сле войны́
спустя́ + Akk.	– *nach Ablauf eines Zeitraums von; ... später*	спустя́ ме́сяц; Мы встре́тились с ним мно́го лет спустя́.
в + Akk.	– (wohin? Ortsangabe)	е́хать в Москву́; лете́ть в Ки́ев
по + Dat.	– (Art und Weise)	рабо́тать по но́вому ме́тоду
за + Instr.	– (Zweck)	посла́ть (v.) за до́ктором

über:

о + Präp.	– *über, von*	говори́ть о фи́льме; расска́зывать о пое́здке
про + Akk.	– *von, über* (umgangssprachlich)	говори́ть про друзе́й
над + Instr.	– (Ort)	Над сто́лом виси́т портре́т.
че́рез + Akk.	– *über ... hinweg*	идти́ че́рез у́лицу; мост че́рез ре́ку́

von:

о + Präp. / про + Akk.	siehe: **über**	
от + Gen.	– (Ort) *von ... weg*	отойти́ (v.) от окна́; от Москвы́ до Ленингра́да
с + Gen.	– 1. (Ort) *von ... herunter*	взять (v.) кни́гу с по́лки
	– 2. (Zeit) *seit, von ... an*	с конца́ ме́сяца

vor:

перед + Instr.	– 1. (Ort – wo?)	перед теа́тром
	– 2. (Zeit) *unmittelbar vor*	перѐд обе́дом, перед рабо́той
до + Gen.	– *in der Zeit vor*	до револю́ции
Akk. + тому́ наза́д	– *vor einem Zeitraum von*	неде́лю тому́ наза́д
от + Gen.	– (Grund)	петь от ра́лости

Satzbildung

Wortstellung im Aussage- und im Fragesatz

Aussagesatz

233 In nicht gefühlsbetonter Rede stehen die Wörter, die auf etwas schon Bekanntes Bezug nehmen, am Anfang des Satzes; die Wörter, die eine *neue Information* ausdrücken, stehen gewöhnlich *am Satzende*.

Der Sprecher kann als neu z. B. hervorheben:

- eine Handlung oder einen Tatbestand (d. h. das Prädikat):
  (Что де́лают де́ти?) Они́ **слу́шают ра́дио.**
  (Чем явля́ется Москва́?) Москва́ – **столи́ца СССР.**
- den Urheber einer Handlung oder das Ereignis, das unter bestimmten Umständen vor sich geht (d. h. das Subjekt):
  (Кто пришёл?) Пришла́ **А́нна.**
  (Что бы́ло вчера́?) Вчера́ у нас бы́ло **собра́ние.**
- das Objekt der Handlung:
  (Что ты чита́ешь?) Я чита́ю **рома́н Фе́дина.**
- die näheren Umstände, unter denen eine Handlung vor sich geht (d. h. die Adverbialbestimmung):
  (Где ты жил?) Я жил тогда́ **в дере́вне.**
  (Когда́ отхо́дит по́езд?) По́езд отхо́дит **в три часа́.**

234 Beachte die Folge der Satzglieder:

1. Zum Unterschied vom Deutschen bleibt die Folge der Satzglieder *Subjekt – Prädikat* erhalten, wenn am Satzanfang ein Objekt oder eine adverbiale Bestimmung der Zeit steht, z. B.:
   Ты чита́л «Мать» Го́рького? – Да, э́тот рома́н **я** уже́ **чита́л.**
   Вчера́ **я хоте́л встре́титься** с Ко́стей в библиоте́ке клу́ба.
2. Zum Unterschied vom Deutschen steht die adverbiale Bestimmung der Art und Weise, wenn sie nur aus einem *Adverb* besteht, häufig vor dem Verb, z. B.:
   Они́ **ве́село** разгова́ривали.
   Я его́ **хорошо́** зна́ю.

Fragesatz

235 In der *Ergänzungsfrage* steht ein Subjekt, das durch ein Pronomen ausgedrückt wird, zum Unterschied vom Deutschen gewöhnlich vor dem Prädikat, z. B.:

Куда́ **ты идёшь?**	Wohin gehst du?
Где **вы бы́ли?**	Wo waren Sie?
В како́м институ́те **вы рабо́таете?**	In welchem Institut sind Sie tätig?

236 In der *Entscheidungsfrage* steht das Satzglied, auf dem der Nachdruck liegt, mitunter am Satzanfang. Diesem Satzglied kann die Fragepartikel ли unmittelbar folgen. Zum Beispiel:

Э́то он сде́лал?	**Das** hat er getan?
Нет ли у вас ключа́?	**Haben Sie denn nicht** den Schlüssel?

237 In *indirekter Rede* werden Entscheidungsfragen mit der Partikel ли – *ob* wiedergegeben, z. B.:

Я спроси́л его́: – Вы занима́етесь спо́ртом?	Я спроси́л его́, занима́ется **ли** он спо́ртом.
Мы спроси́ли дежу́рную по этажу́: – Мо́жете ли вы разбуди́ть нас в шесть часо́в?	Мы спроси́ли дежу́рную по этажу́, мо́жет **ли** она́ разбуди́ть нас в шесть часо́в.

Verneinung

238 Die Verneinung wird durch не – *nicht* ausgedrückt. Bezieht sich die Verneinung auf den ganzen Satz, so steht не unmittelbar vor der konjugierten Verbform oder einer anderen Wortform, die als Prädikat auftritt, z. B.:

Я его́ **не** ви́дел.	Ich habe ihn nicht gesehen.
Я **не** могу́ зайти́ к вам.	Ich kann nicht zu Ihnen kommen.
Я с ва́ми **не** согла́сен.	Ich bin mit Ihnen nicht einverstanden.

Ist nur ein Satzglied verneint, so steht не vor diesem, z. B.:

Не о́н сказа́л э́то, а я́.	Nicht er hat das gesagt, sondern ich.

Zu verneinten transitiven Verben ↗ **268.3**, zu verneint-unpersönlichen Sätzen ↗ **251**.

239 Die Verneinung kann durch ни (оди́н) – *kein einziger* beim Substantiv verstärkt werden, z. B.:

Он не сказа́л **ни** (одного́) сло́ва.	Er sagte kein einziges Wort.

Zwei- und eingliedrige Sätze

240 Im Russischen gibt es neben zweigliedrigen Sätzen, die Subjekt und Prädikat enthalten, auch eingliedrige (subjektlose) Sätze, die nur ein Prädikat enthalten (ohne deshalb unvollständig zu sein).

Übereinstimmung zwischen Subjekt und Prädikat

Personenbezeichnungen als Subjekt ↗ **18**

241 *Die Höflichkeitsform вы als Subjekt*

Wird die Höflichkeitsform вы als Subjekt gebraucht, so stehen sowohl ein verbales Prädikat wie auch die prädikativ gebrauchte Kurzform eines Adjektivs oder Partizips stets im *Plural*, z. B.:

Когда́ **вы** прид**ёте**?	Wann kommen Sie?
Вы с ним знако́м**ы**?	Kennen Sie ihn?
Вы за́нят**ы** сего́дня ве́чером?	Sind Sie heute abend beschäftigt?

242 *Э́то als Subjekt*

Wird э́то als Subjekt gebraucht, so stimmt die konjugierte Verbform in Geschlecht und Zahl nicht mit э́то, sondern mit dem Substantiv überein, das als Teil des Prädikats steht, z. B.:

Э́то был мой брат.	Das war mein Bruder.
Э́то был**а́** Ната́ш**а**.	Das war Natascha.

243 *Wortgruppe: Grundzahlwort und Substantiv als Subjekt*

Wird eine aus Grundzahlwort und Substantiv bestehende Wortgruppe als Subjekt gebraucht, so kann das Prädikat im *Plural* oder im *Singular* (und zwar in der sächlichen Form) stehen. Der Plural wird vom Sprecher bevorzugt, wenn die aktive Tätigkeit von Personen hervorgehoben werden soll, der Singular hingegen, wenn die Zahl in den Mittelpunkt der Aufmerksamkeit gerückt werden soll. Vgl. z. B.:

Де́сять ты́сяч молоды́х специали́стов в э́том году́ око́нчи**ли** ву́зы.	10000 junge Spezialisten haben in diesem Jahr ihre Ausbildung an Hochschulen abgeschlossen.
В ко́мнату вхо́д**ят** два челове́ка.	Das Zimmer betreten zwei Männer.
Всего́ на ГЭС бу́д**ет** 10 агрега́тов.	Insgesamt wird das Wasserkraftwerk 10 Aggregate haben.
Прош**ло́** две неде́ли.	Es vergingen zwei Wochen.

244 Unbestimmt-persönliche Sätze

-ют (-ут), -ят (-ат)
-ли

Eine Handlung, die von *unbestimmten Personen* ausgeführt wird, kann in einem subjektlosen Satz durch ein Verb in der 3. Person Plural des Präsens/Futurs oder in der Pluralform des Präteritums ausgedrückt werden (Entsprechung im Deutschen: *man* oder Passivkonstruktion). Derartige Sätze bezeichnet man als unbestimmt-persönliche Sätze. Zum Beispiel:

В газéтах пи́шут о нóвых успéхах совéтских космонáвтов.	In den Zeitungen schreibt man über neue Erfolge sowjetischer Kosmonauten.
В колхóзе собрáли богáтый урожáй.	Im Kolchos hat man eine reiche Ernte eingebracht. Oder: Im Kolchos wurde eine reiche Ernte eingebracht (... ist eine reiche Ernte eingebracht worden).

Oft haben offizielle Bekanntmachungen die Form unbestimmt-persönlicher Sätze, z. B.:

Прóсят не кури́ть.	Es wird gebeten, nicht zu rauchen.
Здесь продаю́т билéты на концéрты.	Hier werden Konzertkarten verkauft.

Unpersönliche Sätze

245 Eine Handlung oder ein Zustand kann in einem subjektlosen Satz durch eine *unpersönliche Wortform* (ein unpersönlich gebrauchtes Verb, ein Verb im Infinitiv, ein prädikatives Adverb) ausgedrückt werden (deutsche Entsprechung häufig: *es* oder *man*). Derartige Sätze bezeichnet man als unpersönliche Sätze. Zum Beispiel:

Вечерéет.	Es wird Abend.

Wird ein *Urheber der Handlung* genannt, so steht das entsprechende Wort (als Objekt) im Dativ (deutsche Wiedergabe dann meist durch einen persönlichen Satz).

Prädikat: unpersönlich gebrauchtes Verb ↗ **246**
Prädikat: Verb im Infinitiv ↗ **247, 248**
Prädikat: prädikatives Adverb (Zustandswort) ↗ **249, 250**
Prädikat: нет, нé было, не бу́дет ↗ **251**

246 *Prädikat: unpersönlich gebrauchtes Verb*

(кому́)	**-ет(ся), -ит(ся)** **-ло(сь)**

Kennzeichnend für diese Sätze ist die 3. Person Singular des Präsens/Futurs oder die sächliche Form des Präteritums.
Der Urheber einer (gewünschten, geforderten) Handlung kann durch ein Dativobjekt bezeichnet sein. Zum Beispiel:

Зимо́й ра́но темне́ет.	Im Winter wird es zeitig dunkel.
Ему́ хо́чется пое́хать в го́ры.	Er möchte ins Gebirge fahren.
Ему́ пришло́сь уе́хать.	Er mußte wegfahren.

Prädikat: Verb im Infinitiv

247 (кому́ +) **Infinitiv**

Kennzeichnend für die Infinitivsätze ist der unabhängige, das heißt von keinem anderen Wort im Satz abhängige Infinitiv.
Der Urheber einer (gewünschten, geforderten) Handlung kann durch ein Dativobjekt bezeichnet sein.

248 Infinitivsätze drücken vor allem folgende Bedeutungen aus:

1. ein *Können*, *Sollen* oder *Müssen* (↗ auch **146**), z. B.:

Что (нам) де́лать?	Was soll man (sollen wir) tun?
Как нам дое́хать до ци́рка?	Wie kommen wir zum Zirkus?
К кому́ мне обрати́ться?	An wen soll (kann, muß) ich mich wenden?
Вам здесь не пройти́!	Sie können hier nicht durch (-gehen)!

2. einen *Wunsch*, *Ratschlag* oder eine *Warnung* (mit der Partikel бы), z. B.:

Тебе́ бы поговори́ть с ней.	Du solltest mit ihr sprechen.
Не опозда́ть бы нам к по́езду!	Wenn wir nur den Zug nicht verpassen!

Prädikat: prädikatives Adverb (Zustandswort)

249 (кому́ +) **präd. Adv.** (+ бы́ло, бу́дет) (+ Infinitiv)

Kennzeichnend für diese Sätze ist das prädikative Adverb (Zustandswort, ↗ **226**), im Präteritum mit бы́ло, im Futur mit бу́дет. Es wird häufig mit einem Infinitiv verbunden; als Objekt steht oft der Dativ der Person.

250 Die Sätze drücken vor allem folgende Bedeutungen aus:

1. einen *Zustand* (der Umgebung, des Menschen), z. B.:

На дворé хóлодно.	Draußen ist es kalt.
Зáвтра бýдет теплéе.	Morgen wird es wärmer sein.
Нам сегóдня вéсело.	Wir sind heute froh gelaunt.

2. die *Möglichkeit*, *Zulässigkeit* oder *Notwendigkeit* einer Handlung (oder deren Gegenteile), z. B.:

Э́то мóжно дéлать за два дня.	Das kann man in zwei Tagen schaffen.
Здесь нельзя́ кури́ть.	Hier darf man nicht rauchen.
Нам нýжно экономи́ть материáл.	Wir müssen Material sparen.
Мне нáдо с тобóй поговори́ть.	Ich muß mit dir sprechen.

Hierher gehören auch Sätze wie z. B.:

Мне порá вставáть.	Ich muß aufstehen.
Мне сегóдня нéкогда.	Ich habe heute keine Zeit.

Zu *(nicht) können* ↗ **262**, *(nicht) dürfen* ↗ **261**, *müssen* ↗ **264**, *sollen* ↗ **265**.

251 *Prädikat: нет, нé было, не бýдет*

Kennzeichnend für diese verneint-unpersönlichen Sätze ist das prädikativ gebrauchte нет. Die Person oder Sache, die nicht vorhanden ist, wird durch ein Substantiv oder Pronomen im Genitiv ausgedrückt.

Zu *nicht sein* ↗ **254**, *es gibt nicht/kein(-e, -en)* ↗ **256**, *nicht haben* ↗ **259**.

252 Nominative Sätze

(вот +) **Subst. im Nominativ**

Die Existenz einer Erscheinung kann durch den prädikativ gebrauchten Nominativ eines Substantivs, eines Personalpronomens oder einer Zahlwortverbindung ausgedrückt werden. Derartige Sätze bezeichnet man als nominative (benennende) Sätze. Zum Beispiel:

Ночь.	Es ist Nacht.
Двенáдцать часóв.	Es ist zwölf Uhr.
Вот кни́га.	Hier ist das Buch.

«Sein – es gibt – haben – brauchen»

253 *sein*

	–				**(есть)**	**кто**
кто	**был**	**где**		**кто**	**был**	**кем**
	бу́дет				**бу́дет**	**кем**

1. Das Präsens von быть wird gewöhnlich durch das Fehlen einer Verbform ausgedrückt:

Где Во́ва? – Он в кино́.	Wo ist Wowa? – Er ist im Kino.
Мой дя́дя – инжене́р.	Mein Onkel ist Ingenieur.
Э́тот чемода́н тяжёлый.	Dieser Koffer ist schwer. (↗ **70.2**)

Beachte:
Werden Subjekt und Prädikat durch zwei Substantive im Nominativ oder entsprechende Wortgruppen ausgedrückt, so steht zwischen ihnen ein Gedankenstrich. Schriftsprachlich wird für die 3. Person Singular (selten) есть gebraucht, z. B.:

Сою́з Сове́тских Социалисти́ческих Респу́блик есть социалисти́ческое общенаро́дное госуда́рство ...	Die Union der Sozialistischen Sowjetrepubliken ist ein sozialistischer Staat des ganzen Volkes ... (Aus der Verfassung der UdSSR)

2. Das Präteritum lautet был, -а́ ..., das Futur я бу́ду, ты бу́дешь ...
Tritt als Teil des Prädikats ein Substantiv oder die Langform eines Adjektivs (↗ **70.2**) auf, so steht dieses Wort in der Regel im Instrumental:

Мой де́душка был строи́тел**ем**.	Mein Großvater war Bauarbeiter.
Ребя́та бы́ли весёл**ыми**.	Die Kinder waren fröhlich.

254 *nicht sein*

	нет	
кого́-чего́	**не́ было**	**где**
	не бу́дет	

(*Irgendwo*) *nicht sein* wird im Russischen gewöhnlich unpersönlich (↗ **251**) wiedergegeben, und zwar mit нет (Präteritum: не́ было, Futur: не бу́дет); die Person oder Sache, die nicht vorhanden ist, wird durch ein Substantiv oder Pronomen im Genitiv ausgedrückt:

– Ви́ктор до́ма?	Ist Viktor zu Hause?
– Нет, его́ нет до́ма.	Nein, er ist nicht zu Hause.
– Лю́ба была́ в клу́бе?	War Ljuba im Klub?
– Нет, её не́ было.	Nein, sie war nicht dort.
– Во́ва бу́дет в ци́рке?	Wird Wowa im Zirkus sein?
– Нет, его́ не бу́дет.	Nein, er wird nicht dort sein.

255 *es gibt*

Es gibt wird durch eine Form von быть (Präsens: есть, ↗ **258**; Präteritum: был, -а́ …; Futur: бу́дет, бу́дут) wiedergegeben; die vorhandene Person oder Sache wird durch ein Substantiv im Nominativ ausgedrückt:

В го́роде есть теа́тр и не́сколько кинотеа́тров.	In der Stadt gibt es ein Theater und mehrere Kinos.
В но́вом шко́льном зда́нии бу́дет большо́й спортза́л.	In dem neuen Schulgebäude wird es eine große Turnhalle geben.

256 *es gibt nicht/kein(-e, -en)*

Es gibt nicht wird im Russischen unpersönlich mit нет, Präteritum: не́ было, Futur: не бу́дет (↗ **251**) wiedergegeben; die Person oder Sache, die nicht vorhanden ist, wird durch ein Substantiv im Genitiv ausgedrückt:

В э́той шко́ле ещё нет спортза́ла.	In dieser Schule gibt es noch keine Turnhalle.
В ко́мнате не́ было шка́фа.	Im Zimmer gab es keinen Schrank.
Наде́юсь, что за́втра не бу́дет дождя́.	Ich hoffe, daß es morgen keinen Regen gibt.

haben

у кого́ { (есть) / был – бы́ло / бу́дет } кто-что

257 *Haben*, *besitzen* wird gewöhnlich durch eine Form von быть (Präsens: есть, ↗ **258**; Präteritum: был, -а́ …; Futur: бу́дет, бу́дут) wiedergegeben. Die vorhandene Person oder Sache wird durch ein Substantiv im Nominativ ausgedrückt, der Besitzer durch die Wortgruppe у + Genitiv bezeichnet:

– У вас есть бра́тья и сёстры?	Haben Sie Geschwister?
– Есть: брат и две сестры́.	Ja, einen Bruder und zwei Schwestern.
У Во́вы бы́ли хоро́шие друзья́.	Wowa hatte gute Freunde.
Ско́ро у нас бу́дет о́тпуск.	Bald haben wir Urlaub.

258 Beachte den Gebrauch von есть:

Er hängt vom Inhalt der Aussage ab; есть steht nur, wenn die *Existenz*, das *Vorhandensein* einer Person oder Sache hervorgehoben werden soll. Sollen dagegen *Eigenschaften* oder eine *Anzahl* hervorgehoben werden, so wird есть nicht gebraucht. Vgl.:

– У вас **есть** фотоаппара́т?	Haben Sie einen Fotoapparat?
– Да, **есть.**	Ja.
– У вас **хоро́ший** фотоаппара́т?	Haben Sie einen **guten** Fotoapparat?
– Да, **хоро́ший.**	Ja, einen **guten.**

259 *nicht haben*	**у когó**	**нет** **нé было** **не бýдет**	**когó-чегó**

Nicht haben wird unpersönlich mit нет, Präteritum: нé было, Futur: не бýдет (↗ **251**) wiedergegeben. Die Person oder Sache, die nicht vorhanden ist, wird durch ein Substantiv im Genitiv ausgedrückt; derjenige, der jemanden/etwas nicht hat, wird durch die Wortgruppe у + Genitiv bezeichnet:

У меня́ нет бра́та.	Ich habe keinen Bruder.
У нас вчера́ нé было собра́ния.	Wir hatten gestern keine Versammlung.
В воскресéнье у нас не бýдет гостéй.	Am Sonntag haben wir keine Gäste.

260 *brauchen*	**комý**	**нýжен** (был, бýдет) **какóй предмéт** **нýжно** (бы́ло, бýдет) **что**

Die benötigte Sache wird durch ein Substantiv im Nominativ bezeichnet; mit diesem Substantiv stimmt нýжен, нужна́, нýжно; нýжны́ in Geschlecht und Zahl überein. Die Person, die etwas braucht, wird durch das entsprechende Wort im Dativ wiedergegeben:

Мне нýжен каранда́ш.	Ich brauche einen Bleistift.
Нам нужна́ бýдет твоя́ пóмощь.	Wir werden deine Hilfe brauchen.
Э́ти кни́ги мне бóльше не нýжны́.	Diese Bücher brauche ich nicht mehr.

«Dürfen – können – mögen – müssen – sollen – wollen»

261 *dürfen*

dürfen: nicht dürfen:	(комý)	**мóжно** (бы́ло, бýдет) + (meist) **v. Infinitiv** **нельзя́** (бы́ло, бýдет) + **uv. Infinitiv**

(*Nicht*) *dürfen*: (*keine*) *Erlaubnis haben* wird meist unpersönlich (↗ **250,2**) durch мóжно bzw. нельзя́ wiedergegeben. Die Person, die etwas (nicht) tun darf, wird durch ein Wort im Dativ ausgedrückt. Zum Beispiel:

Мóжно мне взять э́ту кни́гу?	Darf (kann) ich dieses Buch entleihen?
Тебé нельзя́ так мнóго чита́ть.	Du darfst nicht so viel lesen.

262 *können*

1. (*Nicht*) *können*: (*keine*) *Möglichkeit haben* kann wiedergegeben werden:
– durch (не) (с)мочь (v.) (↗ **169.6**):

кто (не) { **(с)мóжет** / **(с)мог** } + (meist) **v. Infinitiv**

Я могý передáть вáше письмó.	Ich kann Ihren Brief abgeben.
Он не мог приéхать.	Er konnte nicht kommen.

– durch die unpersönlich gebrauchten Wörter мóжно (возмóжно) bzw. нельзя́ (невозмóжно) (↗ **226**). Wird die Person genannt, die etwas (nicht) tun kann, so wird sie durch ein Wort im Dativ ausgedrückt:

können: / nicht k.: (комý) { **мóжно** / **нельзя́** } (бы́ло, бýдет) + (meist) **v. Infinitiv**

До вокзáла мóжно дойти́ пешкóм.	Zum Bahnhof kann man zu Fuß gehen.
Э́ту задáчу реши́ть нельзя́.	Diese Aufgabe kann man nicht lösen.
Возмóжно ли взять э́ту кни́гу в нáшей библиотéке?	Kann man dieses Buch aus unserer Bibliothek entleihen?

2. (*Nicht*) *können*: (*keine*) *Fähigkeit haben* kann wiedergegeben werden:
– durch (не) умéть, z. B.:

Вы умéете плáвать?	Könnt ihr schwimmen?

– durch Präsensformen unbestimmter Verben der Fortbewegung (↗ **159**).

263 *mögen*

Mögen: *den Wunsch haben* kann wiedergegeben werden durch:
– die Konjunktivformen von хотéть

кто хотéл бы + **Infinitiv**

– die unpersönlichen Formen хóчется (хотéлось бы) (↗ **246**), z. B.:

комý { **хóчется** / **хотéлось бы** } + **Infinitiv**

Я хоте́л бы поговори́ть с Ви́ктором Ива́новичем.	Ich möchte mit Viktor Iwanowitsch sprechen.
Нам хо́чется пое́хать в Крым.	Wir möchten auf die Krim fahren.
Мне хоте́лось бы с ним познако́миться.	Ich möchte ihn gern kennenlernen.

264 *müssen*

1. *Müssen* als *Notwendigkeit* kann wiedergegeben werden durch:
   - die unpersönlich gebrauchten Wörter на́до, ну́жно oder необходи́мо (↗ **226, 249, 250.2**).
   Wird die Person genannt, die etwas tun muß, so wird sie durch ein Substantiv oder Pronomen im Dativ ausgedrückt, z. B.:

   (кому́) { **на́до** / **ну́жно** / **необходи́мо** } (бы́ло, бу́дет) + **Infinitiv**

На́до посмотре́ть э́тот фильм.	Man muß sich diesen Film ansehen.
Вам на́до сесть на девя́тый (9-й) авто́бус.	Sie müssen mit dem Neuner (dem Autobus der Linie 9) fahren.
Ему́ на́до (oder: ну́жно) поговори́ть с ва́ми.	Er muß mit Ihnen sprechen.
Нам ну́жно бу́дет купи́ть план го́рода.	Wir werden uns einen Stadtplan kaufen müssen.

   - das Adjektiv до́лжен, должна́, должно́; должны́ mit der entsprechenden Form von быть (oft im Sinne einer moralischen Verpflichtung). Die Formen von до́лжен stimmen mit dem Subjekt des Satzes in Geschlecht und Zahl überein. Zum Beispiel:

   кто до́лжен (был, бу́дет) + **Infinitiv**

Вы должны́ прочита́ть э́ту статью́.	Sie müssen diesen Artikel lesen.
И́ра, когда́ ты должна́ бу́дешь верну́ть э́ту кни́гу?	Ira, wann mußt du dieses Buch zurückgeben?

2. *Müssen*: *sich gehören*, *dringlich sein* wird häufig durch unpersönliches сле́дует (сле́довало), in der Bedeutung *gezwungen sein* durch unpersönliches придётся v. (пришло́сь), прихо́дится wiedergegeben, z. B.:

(кому́)	**сле́дует (сле́довало)**	+ **Infinitiv**
	прихо́дится	
	придётся v. **(пришло́сь)**	

Вам сле́дует обрати́ться к врачу́.	Sie müßten (sollten) sich an einen Arzt wenden.
Мне придётся пое́хать в го́род.	Ich werde in die Stadt fahren müssen.
Нам пришло́сь провести́ два часа́ на вокза́ле.	Wir mußten zwei Stunden auf dem Bahnhof verbringen.

265 *sollen*

1. *Sollen* in der Bedeutung *den Auftrag, die Pflicht haben* kann durch die gleichen sprachlichen Mittel ausgedrückt werden, die zur Wiedergabe von *müssen* verwendet werden: до́лжен, unpersönliches на́до, ну́жно, сле́дует (сле́довало), auch durch Infinitivsätze (↗ **248**). Zum Beispiel:

Я до́лжен переда́ть вам э́то письмо́.	Ich soll Ihnen diesen Brief übergeben.
Рабо́ту сле́дует зако́нчить к концу́ э́того ме́сяца.	Die Arbeit soll bis Monatsende abgeschlossen sein.

2. *Sollen* zur Wiedergabe der *Behauptung eines andern* wird durch говоря́т (↗ **244**) wiedergegeben, z. B.:

Говоря́т, что он в Москве́.	Er soll in Moskau sein.

266 *wollen*

Wollen wird durch (за-)хоте́ть (v.), gelegentlich auch durch das unpersönliche (за-)хо́чется (v.), (за-)хоте́лось (↗ **246**) wiedergegeben. Zum Beispiel:

Кем ты хо́чешь стать?	Was willst du werden?
Я не хочу́ сейча́с говори́ть об э́том.	Ich will jetzt nicht davon sprechen.
Ей хоте́лось прочита́ть э́ту кни́гу.	Sie wollte dieses Buch gern lesen.

Wollen als *Absicht* kann auch durch собира́ться ausgedrückt werden, z. B.:

Что вы собира́етесь де́лать за́втра?	Was wollt ihr morgen machen?

Gebrauch der Fälle

267 Genitiv, Dativ, Akkusativ und Instrumental werden sowohl ohne als auch mit Präpositionen verwendet; der Präpositiv steht nur nach Präpositionen.

Im folgenden sind wichtige Anwendungsmöglichkeiten der Fälle zusammengestellt, die vom Deutschen abweichen.

Fälle bei Verben

268 *Genitiv*

1. Der Genitiv steht als *Objekt* bei Verben wie:

(по-)боя́ться **кого́-чего́** (соба́ки)	– sich fürchten **vor**
доби́ться v./добива́ться **чего́** (успе́хов)	– **etwas** erringen
(по-)жела́ть кому́ **чего́** (всего́ до́брого)	– jmdm. **etwas** wünschen
дое́хать v. **до чего́** (до пло́щади)	– fahren **bis**
дойти́ v. **до чего́** (до ста́нции)	– gehen **bis**
боле́ть (боли́т) **у кого́** (у сестры́)	– **jmdm.** weh tun

2. Der Genitiv steht – an Stelle des Akkusativs – als Objekt nach einem Verb, wenn sich die Handlung nicht auf das ganze Objekt, sondern *nur auf einen Teil* desselben erstreckt, z. B.:

Вы́пей молок**а́**!	Trinke (etwas) Milch!
Мать купи́ла мя́с**а**, овощ**е́й**, со́л**и**, са́хар**у**.	Mutter hat Fleisch, Gemüse, Salz und Zucker gekauft.

3. Der Genitiv steht oft – an Stelle des Akkusativs – als Objekt *nach verneinten transitiven Verben*, z. B.:

Я не нашёл ключ**а́**.	Ich habe den Schlüssel nicht gefunden.
Мы ещё не ви́дели э́т**ого** фи́льм**а**.	Wir haben diesen Film noch nicht gesehen.

Beachte:
Substantive der II. Deklination stehen auch nach verneinten Verben gewöhnlich im Akkusativ, z. B.:

Мы ещё не ко́нчили рабо́ту.	Wir haben die Arbeit noch nicht beendet.

4. Der Genitiv steht auch als Objekt in verneint-unpersönlichen Sätzen (↗ **251**).

269 *Dativ*

1. Der Dativ steht als *Objekt* bei Verben wie:

(по-)звони́ть **кому́** (дру́гу по телефо́ну)	– **jmdn.** anrufen
(на-)учи́ться **чему́** (ру́сскому языку́)	– **etwas** lernen
гото́виться **к чему́** (к приёму в ССНМ)	– sich vorbereiten **auf**
обрати́ться v./обраща́ться **к кому́**	– sich wenden **an**

2. Der Dativ steht auch als Objekt in unpersönlichen Sätzen und bezeichnet den *Urheber der Handlung* (↗ **245–247**).

270 *Akkusativ*

Der Akkusativ steht als *Objekt* bei Verben wie:

(по-)благодари́ть **кого́** (дру́га) за что	– **jmdm.** danken für
ждать **кого́** (бра́та, ма́му)	– **auf jmdn.** warten
поздра́вить/поздравля́ть **кого́** с чем	– **jmdm.** gratulieren zu
игра́ть **во что** (в футбо́л)	– **etwas** spielen
взя́ться v./бра́ться **за что** (за рабо́ту)	– **an etwas** herangehen

271 *Instrumental*

1. Der Instrumental bezeichnet das *Instrument oder Mittel* der Handlung:

писа́ть **чем** (карандашо́м)	– schreiben **mit**

2. Der Instrumental steht als *Objekt* bzw. *Prädikatsnomen* nach Verben wie:

быть **кем** (строи́телем)	– **etwas** sein
владе́ть **чем** (матема́тикой)	– **etwas** beherrschen
горди́ться **кем-чем** (успе́хами)	– stolz sein **auf**
заня́ться v./занима́ться **чем** (спо́ртом)	– sich beschäftigen **mit**
интересова́ться **чем** (му́зыкой)	– sich interessieren **für**
награди́ть v./награжда́ть кого́ **чем**	– jmdn. auszeichnen **mit**
(вос-)по́льзоваться **чем** (слу́чаем)	– **etwas** benutzen
рабо́тать **кем** (трактори́стом)	– arbeiten **als**
руководи́ть **кем-чем** (кружко́м)	– **jmdn., etwas** leiten
стать v./станови́ться **кем** (учи́телем)	– **etwas** werden
счита́ть кого́ **кем** (свои́м дру́гом)	– jmdn. halten **für**
управля́ть **чем** (маши́ной)	– **etwas** lenken
явля́ться **чем** (столи́цей)	– **etwas** sein
(по-)здоро́ваться **с кем** (с това́рищем)	– **jmdn.** begrüßen
(по-)знако́миться **с кем** (с го́стем)	– **jmdn.** kennenlernen
(по-)проща́ться **с кем** (с дру́гом)	– sich verabschieden **von**

3. Der Instrumental bezeichnet in Passivkonstruktionen den *Urheber der Handlung* (↗ **199.2, 201, 210, 212**).

272 *Präpositiv*

Der Präpositiv steht (mit Präpositionen) *bei Verben* wie:

уча́ствовать **в чём** (в соревнова́ниях)	– teilnehmen **an**
е́хать; е́здить **на чём** (на авто́бусе)	– fahren **mit**
прие́хать v./приезжа́ть **на чём** (на по́езде)	– kommen **mit**
лете́ть **на чём** (на самолёте)	– fliegen **mit**
ката́ться **на чём** (на лы́жах)	– **etwas** fahren, laufen
игра́ть **на чём** (на гита́ре)	– (ein Instrument) spielen
спроси́ть v./спра́шивать кого́ **о ком-чём**	– fragen **nach**
ду́мать **о ком-чём** (о сестре́)	– denken **an**
забы́ть v./забыва́ть **о ком-чём**	– **jmdn., etwas** vergessen

Fälle bei Substantiven

273 *Genitiv*

Der Genitiv steht nach einem Substantiv und bezeichnet einen Stoff oder Gegenstand, dessen *Maß* angegeben wird, z. B.:

кило́ хле́б**а**	– ein Kilo Brot
стака́н ча́**я** (oder: ча́**ю**, ↗ **32**)	– ein Glas Tee

274 *Dativ*

Der Dativ steht nach einigen Substantiven wie:

письмо́ отц**у́**	– der Brief an den Vater
па́мятник Пу́шкин**у**	– das Puschkindenkmal

275 *Instrumental*

Der Instrumental steht nach einigen Substantiven wie:

руково́дство кружк**о́м**	– die Leitung des Zirkels
заня́тия му́зык**ой**	– die Beschäftigung mit Musik

Fälle bei Adjektiven und Adverbien

276 *Genitiv*

Der Genitiv steht *beim Komparativ* (↗ **79.2, 229**).

277 *Instrumental*

Der Instrumental *schränkt den Geltungsbereich* der durch das Adjektiv bezeichneten Eigenschaft *ein*, z. B.:

Он дово́лен кварти́р**ой**.	Er ist mit der Wohnung zufrieden.

Nähere Umstände einer Handlung

Angaben der Zeit

Frage: когдá? – wann?

278 Auf die Frage когдá? – *wann?* stehen als Zeitangaben außer Adverbien (↗ **223.2**) folgende Wortgruppen:

в + Akk.

- zur Angabe der *Uhrzeit* (Sekunde, Minute, Stunde), z. B.:
  в э́ту секу́нду, в э́ту мину́ту, в два часá три́дцать мину́т (↗ **282**);
- zur Angabe der *Tageszeit*, wenn sie durch Attribute näher bestimmt ist, z. B.:
  в э́тот ве́чер, в ночь на 25 апре́ля; aber: **на** друго́й ве́чер;
- zur Angabe des *Tages*, z. B.:
  в э́тот день, в э́ти дни; в понеде́льник, во вто́рник, в сре́ду ...;
  aber: **на** друго́й день;
- zur Angabe eines *größeren Zeitraumes*, der zahlenmäßig nicht benannt ist, z. B.:
  в нáше вре́мя, в э́ту эпо́ху, в го́ды пе́рвой мирово́й войны́;

в + Präp.

- zur Angabe des *Monats*, z. B.:
  в э́том (про́шлом, бу́дущем) ме́сяце; в январе́, в мáрте ...;
- zur Angabe des *Jahres*, z. B.:
  в э́том (про́шлом, бу́дущем) году́; в 1985 году́ (↗ **285**);
- zur Angabe eines *Jahrzehnts* oder *Jahrhunderts*, z. B.:
  в 50-х (пятидеся́тых) годáх нáшего ве́ка, в XX (двадцáтом) ве́ке;

на + Präp.

zur Angabe der *Woche*:
на э́той (про́шлой, бу́дущей) неде́ле;

по + Dat. Plur.

zur Angabe eines *Wochentages*, an dem sich eine Handlung regelmäßig wiederholt, z. B.:
по понеде́льникам (montags, am Montag), по средáм ...

279 Auf die Frage когда́? – *wann?* stehen zur Kennzeichnung eines Zeitraums:

Akk. + тому́ наза́д	– vor (einem Zeitraum): неде́лю (два ме́сяца, мно́го лет) тому́ наза́д
че́рез + Akk.	– in (nach Ablauf eines Zeitraums): че́рез не́сколько мину́т, че́рез час, че́рез два го́да
спустя́ + Akk.	– nach (Ablauf eines Zeitraums): спустя́ два ме́сяца, спустя́ год, мно́го лет спустя́
за + Akk.	– in (innerhalb eines Zeitraums): за э́ти неде́ли, за (после́дние) пять лет
на + Akk.	– für (einen Zeitraum): на одну́ неде́лю, на мно́го лет

280 Auf die Frage когда́? – *wann?* stehen ferner:

до + Gen.	– (in der Zeit) vor до револю́ции, до войны́
перед + Instr.	– (unmittelbar) vor перед рабо́той, перед обе́дом
во вре́мя + Gen.	– während во вре́мя рабо́ты, во вре́мя кани́кул
по́сле + Gen.	– nach по́сле рабо́ты, по́сле войны́

281 *Fragen: с каки́х пор? – seit wann?, до каки́х пор? – bis wann?*

Auf die Fragen с каки́х пор? – *seit wann?*, до каки́х пор? – *bis wann?* stehen:

с + Gen.	– seit, von … an с конца́ го́да, с восьми́ часо́в
до + Gen.	– bis (zu) до отхо́да по́езда, до восьми́ часо́в
с … до + Gen.	– von … bis с утра́ до ве́чера, с восьми́ до двена́дцати
с … по + Akk.	– von … bis (einschließlich) с 10 (деся́того) по 20 (двадца́тое) ма́я

Angabe der Uhrzeit

282 Zur offiziellen Angabe der Uhrzeit wird auf die Frage Кото́рый час? – *Wie spät ist es?* Stunden- und Minutenzahl aneinandergereiht. Auf die Frage когда́?, в кото́ром часу́? – *wann?, um welche Zeit?* steht в + Akk. Zum Beispiel:

(в) час	– (um) 1^{00}
два́дцать оди́н час со́рок одн**а́** мину́т**а**	– (um) 21^{41}
(**в** два́дцать оди́н час со́рок одн**у́** мину́т**у**)	
(в) два час**а́** две мину́т**ы**	– (um) 2^{02}
(в) два́дцать три час**а́** два́дцать четы́ре мину́т**ы**	– (um) 23^{24}
(в) пять час**о́в** пятна́дцать мину́т	– (um) 5^{15}
(в) ноль час**о́в** трина́дцать мину́т	– (um) 0^{13}

283 Beachte:
Im *Alltag* wird zur Angabe der Minuten eine andere Ausdrucksweise bevorzugt:
In der ersten Stundenhälfte wird die Minutenzahl angegeben, die von der angebrochenen Stunde bereits verstrichen ist. Auf die Frage когда́?, в кото́ром часу́? – *wann?, um welche Zeit?* steht ebenfalls в + Akk. Zum Beispiel:

(в) пять мину́т	деся́т**ого**	– 5 (Minuten) nach 9
(в) че́тверть		– Viertel nach 9; Viertel 10
полови́на (**в** полови́не)		– halb 10

In der zweiten Stundenhälfte wird die Minutenzahl angegeben, die noch zur vollen Stunde fehlt. Zum Beispiel:

без двадцати́	де́сять	– 20 (Minuten) vor 10
без че́тверти		– Viertel vor 10; drei Viertel 10

Angabe des Datums

284 Auf die Frage Како́е сего́дня число́? – *Der wievielte ist heute?* steht der Nominativ der Ordnungszahl in der sächlichen Form und der Genitiv des Monatsnamens. Auf die Frage когда́?, како́го числа́? – *wann?, am wievielten?* stehen Ordnungszahl und Monatsname im Genitiv. Vgl. z. B.:

два́дцать пя́т**ое** апре́л**я**	– der 25. April
два́дцать пя́т**ого** апре́л**я**	– am 25. April

285 Die Jahresangabe erfolgt im Russischen – zum Unterschied vom Deutschen – durch eine Ordnungszahl (↗ **97**); diese stimmt mit ihrem Beziehungswort год in Geschlecht, Zahl und Fall überein. Zum Beispiel:

како́й год?	– welches Jahr?
ты́сяча девятьсо́т во́семьдесят пя́т**ый** год	– (das Jahr) 1985
в како́м году́?	– in welchem Jahr?
в ты́сяча девятьсо́т во́семьдесят пя́т**ом** году́	– (im Jahre) 1985

286 Die dem Datum folgende Jahresangabe steht immer im Genitiv, z. B.:

два́дцать пя́т**ое** апре́л**я** ты́сяча девятьсо́т во́семьдесят пя́т**ого** го́д**а**	– der 25. April 1985
два́дцать пя́т**ого** апре́л**я** ты́сяча девятьсо́т во́семьдесят пя́т**ого** го́д**а**	– am 25. April 1985

Beachte die Schreibung des Datums in Ziffern: 25/IV 1985 г.

287 *Angabe des Alters*

кому́ (бы́ло, бу́дет) **ско́лько лет**

Auf die Frage Ско́лько тебе́ (вам) лет? – *Wie alt bist du* (*sind Sie*)*?* steht das Wort, das die Person bezeichnet, im Dativ; die Zahl der Lebensjahre wird durch den Nominativ der Wortgruppe ausgedrückt (1год, 2/3/4 го́да, 5 ... лет – ↗ **91**, **94.1**), z. B.:

Мне восемна́дцать лет.	Ich bin 18 (Jahre alt).
Моему́ отцу́ ско́ро бу́дет пятьдеся́т лет.	Mein Vater wird bald 50 (Jahre alt sein).
Моему́ бра́ту бы́ло два́дцать два го́да.	Mein Bruder war 22 (Jahre alt).

Angaben des Ortes

Frage: где? – wo?

Auf die Frage где? – *wo?* stehen u. a. folgende Wortgruppen:

288

в + **Präp.**	– in	(жить) в го́роде, в кварти́ре
на + **Präp.**	– auf	(лежа́ть) на столе́, на дива́не

Beachte den vom Deutschen abweichenden Gebrauch der Präpositionen в, на:
(учи́ться) **в** университе́те, **в** институ́те
(рабо́тать) **на** заво́де, **на** фа́брике, **на** произво́дстве
(быть) **на** конце́рте, **на** спекта́кле, **на** стадио́не
(жить) **на** у́лице, **на** пло́щади, **на** ро́дине, **на** Кавка́зе, **на** Ура́ле, **на** Украи́не, **на** се́вере, **на** ю́ге; **в** дере́вне, **в** Крыму́;
(лежа́ть) **на** реке́ Неве́, **на** Днепре́

289	**у + Gen.**	– bei, an	у окна́, у вхо́да в метро́
	вокру́г + Gen.	– um … herum	вокру́г стола́, вокру́г ёлки
	напро́тив + Gen.	– gegenüber	напро́тив ра́туши, напро́тив рестора́на
	о́коло + Gen.	– neben, in der Nähe	о́коло до́ма, о́коло окна́
	недалеко́ от + Gen.	– unweit	недалеко́ от па́рка, недалеко́ от по́чты
	ря́дом с + Instr.	– neben	ря́дом с вокза́лом, ря́дом с музе́ем
	перед + Instr.	– vor	перед до́мом, перед кинотеа́тром
	ме́жду + Instr.	– zwischen	ме́жду окно́м и две́рью
	за + Instr.	– hinter, an	за до́мом, сиде́ть за столо́м
	над + Instr.	– über	над столо́м, над го́родом
	под + Instr.	– unter; in der Nähe von	под столо́м, под землёй; под Москво́й
	при + Präp.	– bei, zu … gehörig	При заво́де есть политехни́ческий центр.

Fragen: куда́? – wohin?, отку́да? – woher?

Auf die Frage куда́? – *wohin?* stehen u. a. folgende Wörter bzw. Wortgruppen:

290	**в** } **+ Akk.**	– in, nach	(входи́ть) в магази́н, (е́хать) в Москву́
	на } **+ Akk.**	– auf	(класть) на стол, на дива́н

Beachte den vom Deutschen abweichenden Gebrauch der Präpositionen **в**, **на**: (е́хать) **на** заво́д, **на** се́вер; **в** дере́вню, **в** Крым (↗ auch **288**).

291	**к + Dat.**	– zu, an	(идти́) к доске́
	навстре́чу + Dat.	– entgegen	(идти́) навстре́чу гостя́м
	за + Akk.	– hinter, an	(ста́вить) за шкаф, (сесть v.) за стол
	под + Akk.	– unter	(класть) под стол
	че́рез + Akk.	– über, durch	(перейти́ v.) че́рез мост, (идти́) че́рез по́ле (Feld)

292 Auf die Frage откýда? – *woher?* stehen u. a. folgende Wortgruppen:

из + Gen.	– aus	(вы́йти v.) из автóбуса
из-за + Gen.	– hinter ... hervor, aus	(смотрéть) из-за двéри, (вернýться v.) из-за границы
от + Gen.	– von (...) weg	отойти́ (v.) от двéри
с + Gen.	– von (... herunter)	(взять v. кни́гу) с пóлки

Beachte:
Es entsprechen sich:
1. **в – из**: (входи́ть) **в** магази́н – (выходи́ть) **из** магази́на
2. **на – с**: (приходи́ть) **на** завóд – (уходи́ть) **с** завóда

293 Beachte die Verbindung von Verben der Fortbewegung, die mit Präfixen gebildet sind (↗ **161**), mit Präpositionen, z. B.:

в-	**в + Akk.**	войти́ (v.) в дом
вы-	**из + Gen.**	вы́йти (v.) из дóма
до-	**до + Gen.**	доéхать (v.) до универмáга
пере-	**чéрез + Akk.**	перейти́ (v.) чéрез ýлицу
при-	**в + Akk.**	прилетéть (v.) в Ленингрáд
у	**из + Gen.**	уйти́ (v.) из дóма

294 Angaben des Grundes

Auf die Frage почемý? – *warum?* stehen u. a. folgende Wortgruppen:

из + Gen.	– aus	(дéлать что) из дрýжбы
из-за + Gen.	– wegen	из-за болéзни (Krankheit)
от + Gen.	– vor	(петь) от рáдости
по + Dat.	– wegen	(отсýтствовать) по болéзни
благодаря́ + Dat.	– dank	благодаря́ хорóшей погóде

295 Angaben des Zwecks

Auf die Frage зачéм? – *weswegen?, zu welchem Zweck?* stehen u. a.:

для + Gen.	– für	(дéлать что) для дрýга
рáди + Gen.	– um ... willen	(дéлать что) рáди дрýжбы
за + Instr.	– nach	(послáть v.) за дóктором

296 Adverbialsätze der Zeit

Hauptsatz bezeichnet eine Handlung, die *gleichzeitig* mit der Handlung des Nebensatzes abläuft:

когда́ в то вре́мя как	– als, während

Die verbalen Prädikate im Haupt- und im Nebensatz stehen gewöhnlich im *unvollendeten* Aspekt, z. B.:

Когда́ мы возвраща́лись домо́й, мы оживлённо разгова́ривали.	Während wir nach Hause gingen, unterhielten wir uns angeregt.
В то вре́мя как я писа́ла письмо́, И́ра чита́ла кни́гу.	Während ich den Brief schrieb, las Ira ein Buch.

Beachte:
Fällt eine der beiden Handlungen zeitlich nur teilweise mit der anderen zusammen, so steht das Verb, das *Verlauf* oder *Dauer* der Handlung bezeichnet, im *unvollendeten* Aspekt; das Verb, das den *Abschluß* der Einzelhandlung bezeichnet, steht im *vollendeten* Aspekt.
Zum Beispiel:

Он рассказа́л (v.) мне об э́том, когда́ мы возвраща́лись домо́й.	Er hatte mir davon erzählt, als wir nach Hause zurückkehrten.
Все уже́ спа́ли, когда́ я пришёл (v.) домо́й.	Alle schliefen bereits, als ich nach Hause kam.

Hauptsatz bezeichnet eine Handlung, die *zeitlich nach* der des Nebensatzes liegt:

когда́ по́сле того́ как	– als, nachdem, sobald

Die verbalen Prädikate, die die *Aufeinanderfolge* von Handlungen in Neben- und Hauptsatz bezeichnen, stehen im *vollendeten* Aspekt, z. B.:

Когда́ я пришёл домо́й, я сра́зу на́чал рабо́тать.	Als ich zu Hause war, begann ich gleich zu arbeiten.
По́сле того́ как мы при́были в Москву́, мы сра́зу пое́хали в центр го́рода.	Als wir in Moskau waren, fuhren wir sofort ins Stadtzentrum.

Hauptsatz bezeichnet eine Handlung, die *zeitlich vor* der des Nebensatzes liegt:

до того́ как	– bevor
пока́ не	– (so lange) bis

До того́ как я на́чал учи́ться в те́хникуме, я рабо́тал на заво́де.	Bevor ich an der Fachschule das Studium aufnahm, arbeitete ich in einem Betrieb.
Мы жда́ли, пока́ сестра́ не верну́лась с рабо́ты.	Wir warteten, bis die Schwester von der Arbeit kam.

Wortbildung

Zur Wortbildung der Substantive

Ableitung mit Suffixen

297 Mit Hilfe von Suffixen werden Substantive vielfach von anderen Substantiven, von Verben und von Adjektiven abgeleitet.

298 *Suffixe zur Bildung von Substantiven, die Personen bezeichnen*

Suffixe	*Kennzeichnung der Person nach Tätigkeit oder Beruf*		
m.: **-тель** w.: **-тельниц**-а	учи́тель учи́тельница	(учи́ть)	Lehrer Lehrerin
m.: **-щик**, **-чик** w.: **-щиц**-а, **-чиц**-а	ка́менщик	(ка́мень)	Maurer
	лётчик лётчица	(лете́ть)	Flieger Fliegerin
m.: **-ик**, **-ник** w.: **-иц**-а, **-ниц**-а	помо́щник помо́щница	(по́мощь)	Helfer Helferin
m.: **-ист** w.: **-истк**-а	тракгори́ст тракгори́стка	(тра́ктор)	Traktorist Traktoristin
	Kennzeichnung der Person nach ihrer Zugehörigkeit zu einer geistigen Richtung, Organisation		
m.: **-ец** w.: **-к**-а	комсомо́лец комсомо́лка	(комсомо́л)	Komsomolze Komsomolzin
m.: **-ист** w.: **-истк**-а	коммуни́ст коммуни́стка	(vgl. коммуни́зм)	Kommunist Kommunistin
	Kennzeichnung der Person nach Volks- oder Staatszugehörigkeit, nach Wohnsitz oder Herkunft		
m.: **-ец** w.: **-к**-а	украи́нец украи́нка	(Украи́на)	Ukrainer Ukrainerin
m.: **-янин** w.: **-янк**-а	киевля́нин киевля́нка	(Ки́ев)	Kiewer Kiewerin
	Bildung von Vaternamen		
m.: **-ич**, **-ович** w.: **-ичн**-а, **-овн**-а	Ники́тич Ники́тична	(Ники́та)	Nikititsch Nikititschna
	Ива́нович Ива́новна	(Ива́н)	Iwanowitsch Iwanowna

299 *Suffixe zur Bildung unbelebter konkreter Substantive*

	Bezeichnung von Werkzeugen, Gebrauchsgegenständen		
-тель	дви́гатель	(дви́гать)	Motor
-щик, -чик	переда́тчик	(переда́ть v.)	Sender (Radio)
-льник	буди́льник	(буди́ть)	Wecker
-лк-а	ве́шалка	(ве́шать)	Kleiderständer
	Bezeichnung eines einzelnen Gegenstandes		
-ин-а	карто́фелина	(карто́фель) (die Kartoffeln)	die (einzelne) Kartoffel

300 *Suffixe zur Bildung abstrakter Substantive*

	Bezeichnung einer Handlung		
-ни-е	пе́ние	(петь)	Gesang
-ени-е	увеличе́ние	(увели́чить v.)	Vergrößerung
-ти-е	откры́тие	(откры́ть v.)	Eröffnung
-к-а	стро́йка	(стро́ить)	Bauen; Bau
-ств-о	руково́дство	(руководи́ть)	Leitung
-аци-я	организа́ция	(организова́ть)	Organisieren
	Bezeichnung einer Eigenschaft		
-ость	го́рдость	(го́рдый)	Stolz
	но́вость	(но́вый)	Neuheit, Neuigkeit
-и-е, -ь-е	здоро́вье	(здоро́вый)	Gesundheit
	Bezeichnung einer geistigen Richtung		
-изм	социали́зм	(vgl. социали́ст)	Sozialismus

301 *Suffixe der subjektiven Einschätzung*

Mit Suffixen der subjektiven Einschätzung werden von konkreten Substantiven neue Substantive abgeleitet, die eine – mehr oder minder auf der subjektiven Einschätzung durch den Sprechenden beruhende – *Bedeutungsveränderung* ausdrücken.

Die mit diesen Suffixen abgeleiteten Wörter sind mitunter schwer ins Deutsche zu übersetzen.

	Suffixe zum Ausdruck der Verkleinerung, der Zärtlichkeit		
-ик, -чик	до́мик	(дом)	Häuschen
	автомоби́льчик	(автомоби́ль)	(kleines) Auto
-о́к (-ёк)	голосо́к	(го́лос)	Stimmchen
-к-а	кни́жка	(кни́га)	(kleines) Buch, Büchlein
-очк-а	ма́мочка	(ма́ма)	(liebe) Mutti
-оньк-а	берёзонька	(берёза)	(hübsche) Birke
(-еньк-а)	до́ченька	(дочь)	(liebe) Tochter
-ушк-а	дя́дюшка (m.)	(дя́дя)	(lieber) Onkel
(-юшк-а)			
-ц-е (-ц-о́)	деревцо́	(де́рево)	Bäumchen
-иц-е (-ец-о́)	пла́тьице	(пла́тье)	(hübsches) Kleid
-ышк-о	со́лнышко	(со́лнце)	(liebe) Sonne
	Suffixe zum Ausdruck der Verachtung		
-и́шк-а,	вори́шка (m.)	(вор)	kleiner Dieb, Langfinger
-и́шк-о	городи́шко (m.)	(го́род)	elendes Städtchen
-о́нк-а	бумажо́нка	(бума́га)	Fetzen Papier
(-ёнк-а)	лошадёнка	(ло́шадь)	elendes Pferd
	Suffixe zum Ausdruck der Vergrößerung, der Vergröberung		
-и́щ-а	ручи́ща	(рука́)	große (starke) Hand
-и́щ-е	доми́ще (m.)	(дом)	großes Haus

Zusammensetzung

302 *Zusammensetzungen aus zwei Wortstämmen*

Häufig werden Substantive durch Zusammensetzung zweier Wortstämme gebildet; die Verbindung erfolgt oft durch den Bindevokal o/e.
Man unterscheidet folgende Haupttypen:

1. Zusammensetzungen aus *zwei Substantivstämmen*, z. B.:
   желез**о**бето́н – Stahlbeton; суд**о**меха́ник – Schiffsmechaniker
   кинොжурна́л – Wochenschau; се́вер**о**-восто́к – Nordosten
   entsprechend: Волг**о**гра́д, Ленингра́д.
   Zahlreiche Substantive werden mit internationalen Wortbildungselementen gebildet; dazu gehören z. B.:
   авто-, агро-, аэро-, гидро-, зоо-, кино-, мото-, псевдо-, радио-, теле-, фото-.

Beachte:
Eine besondere Gruppe bilden Zusammensetzungen aus zwei – durch Bindestrich verbundenen – Substantiven. Beide Bestandteile werden in der Regel dekliniert, z. B.:

вагóн-ресторáн	– Speisewagen	телефóн-автомáт	– Münzfernsprecher
гóрод-герóй	– Heldenstadt	жéнщина-врач	– Ärztin

2. Zusammensetzungen aus *Substantiv- und Verbalstamm*, z. B.:

сталеВáр	– Stahlwerker	машиностроéние	– Maschinenbau
экскурсовóд	– Reiseleiter	рýкопись	– Manuskript

3. Zusammensetzungen aus *Adjektiv- und Substantivstamm*, z. B.:

железнодорóжник	– Eisenbahner	красноармéец	– Rotarmist

4. Zusammensetzungen aus *Zahlwort- und Substantivstamm*, z. B.:

семилéтка	– Siebenjahrplan	столéтие	– Jahrhundert

5. Zusammensetzungen aus *Pronominal- und Verbalstamm*, z. B.:

самовáр	– Samowar	самолёт	– Flugzeug

303 *Kurzwörter*

Kurzwörter werden durch Zusammensetzung verschiedener Bestandteile von Wortgruppen gebildet. Man unterscheidet folgende Haupttypen:

1. den deklinierbaren *Silbentyp*:
   a) Das Kurzwort besteht aus Anfangsteilen der Wörter, z. B.:

комсомóл, -а	(**Ком**мунистúческий **со**ю́з **мол**одёжи)	– Komsomol
совхóз, -а	(**сов**éтское **хоз**я́йство)	– Sowchos

   b) Das Kurzwort besteht aus dem Anfangsteil eines Wortes und einem vollständigen Wort, z. B.:

стенгазéта, -ы	(**стен**нáя **газéта**)	– Wandzeitung
медсестрá, -ы́	(**мед**ицúнская **сестрá**)	– Krankenschwester

2. den *Initialtyp*:
   Das Kurzwort besteht aus den Anfangsbuchstaben der Wörter der Wortgruppe; es wird
   a) nach dem *Lautwert* gesprochen und in der Regel dekliniert, z. B.:

вуз [вус], -а	(**в**ы́сшее **у**чéбное **з**аведéние)	– Hochschule

   b) nach den *Buchstabennamen* gesprochen und ist nicht deklinierbar (zum Geschlecht ↗ **20.3**); z. B.:

СССР [эс-эс-эс-эр]	(**С**ою́з **С**овéтских **С**оциалистúческих **Р**еспýблик)	– UdSSR
КПСС [ка-пэ-эс-эс]	(**К**оммунистúческая **п**áртия **С**овéтского **С**ою́за)	– KPdSU

Zur Wortbildung der Adjektive

304 Ableitung mit Suffixen

Mit Hilfe von Suffixen werden Beziehungsadjektive vielfach von Substantiven, seltener von anderen Wortarten abgeleitet.

Suffixe	Beispiele		
-ск-, -еск- (mit Wechsel к – ч)	де́тский	(де́ти)	Kinder-
	пионе́рский	(пионе́р)	Pionier-
	тури́стский	(тури́ст)	Touristen-
	украи́нский	(Украи́на)	ukrainisch
	техни́ческий	(те́хник)	technisch
-ическ-, -истическ-	истори́ческий	(исто́рия)	historisch
	хими́ческий	(хи́мия)	chemisch
	коммунисти́ческий	(коммуни́ст)	kommunistisch
	социалисти́ческий	(социали́ст)	sozialistisch
-овск-, -евск-	ма́ртовский	(март)	März-
	кремлёвский	(Кремль)	Kreml-
-н-	кла́ссный	(класс)	(Schul-) Klassen-
	колхо́зный	(колхо́з)	Kolchos-
	культу́рный	(культу́ра)	Kultur-, kulturell
	парти́йный	(па́ртия)	Partei-
	ручно́й	(рука́)	Hand-
-альн-	музыка́льный	(му́зыка)	Musik-, musikalisch
	театра́льный	(теа́тр)	Theater, theatralisch
	центра́льный	(центр)	Zentral-, zentral
-ивн-	прогресси́вный	(прогре́сс)	fortschrittlich
	спорти́вный	(спорт)	Sport-, sportlich
-ичн-	типи́чный	(тип)	typisch
-льн-	танцева́льный	(танцева́ть)	Tanz-
	проща́льный	(проща́ться)	Abschieds-
-онн-	организацио́нный	(организа́ция)	Organisations-
	революцио́нный	(револю́ция)	Revolutions-, revolutionär
-ов-, -ев-	делово́й	(де́ло)	Geschäfts-, geschäftlich
	кла́ссовый	(класс)	(Gesellschafts-) Klassen-
	мирово́й	(мир)	Welt-

305 Ableitung mit Präfixen

Mit Hilfe von Präfixen werden von Adjektiven neue Adjektive abgeleitet.

Präfixe	Beispiele		
а-	анорма́льный	(норма́льный)	unnormal, anormal
анти-	антинау́чный	(нау́чный)	unwissenschaftlich
	антиимпериалисти́ческий	(империалисти́ческий)	antiimperialistisch
без-, бес-	безвку́сный	(вку́сный)	geschmacklos
	бесси́льный	(си́льный)	kraftlos, schwach
не-	небольшо́й	(большо́й)	nicht groß, gering
	незнако́мый	(знако́мый)	unbekannt
	несло́жный	(сло́жный)	unkompliziert

306 Zusammensetzung

Häufig werden Adjektive durch Zusammensetzung zweier Wortstämme gebildet; die Verbindung erfolgt meist durch den Bindevokal o/e, die Bildung des zusammengesetzten Adjektivs mit Hilfe eines Suffixes.

Man unterscheidet unter anderem:

1. Zusammensetzungen aus *zwei Adjektivstämmen*, z. B.:
   нау́чн**о**-популя́рный – populärwissenschaftlich
   ру́сск**о**-неме́цкий – russisch-deutsch
2. Zusammensetzungen aus *Adjektiv- und Substantivstamm*, z. B.:
   железн**о**доро́жный (желе́зная доро́га) – Eisenbahn-
   сельск**о**хозя́йственный (се́льское хозя́йство) – landwirtschaftlich
3. Zusammensetzungen aus *Zahlwort- und Substantivstamm*, z. B.:
   пятиле́тний (пять лет) – fünfjährig, Fünfjahr-
   многоэта́жный (мно́го этаже́й) – mehrstöckig

Zur Wortbildung der Verben

307 Ableitung mit Präfixen

Mit Hilfe von Präfixen werden von einfachen Verben häufig neue Verben abgeleitet. Durch ein und dasselbe Präfix können dabei *verschiedene Bedeutungsveränderungen* ausgedrückt sein.

Zur Bildung von Aspektpartnern ↗ **151**.

Präfixe	Bedeutung	Beispiele
в(о)-	1. hinein-, ein-	войти́ v. hineingehen, eintreten
+ -ся	2. gespannt, aufmerksam	вслу́шаться v. aufmerksam hören auf, aufhorchen
вз(о)-, вс-	1. hinauf-, auf-	взлете́ть v. (hin-)auffliegen
(воз-, вос-)	2. auf- (jäh anfangen zu)	вскри́кнуть v. aufschreien
вы-	1. hinaus-, aus-	вы́йти v. hinausgehen
(+ -ся)	2. aus- (gänzlich, zur Genüge)	вы́пить v. austrinken вы́спаться v. sich ausschlafen
до-	1. hin ... zu, bis	долете́ть (v.) до fliegen bis
	2. fertig-, zu Ende	дописа́ть v. fertigschreiben
	3. (noch) dazu-	докупи́ть v. noch dazukaufen
за-	1. anfangen zu	запе́ть v. anfangen zu singen
	2. hinter, über ... hinaus	забежа́ть (v.) за laufen hinter
	3. ver-, zu-	закры́ть v. zumachen, verdecken
(+ -ся)	4. über- (zu viel)	зарабо́таться v. sich überarbeiten
из(о)-, ис-	heraus-, aus-, weg-, ver-	изда́ть v. herausgeben
на-	1. auf- (darauf-)	наде́ть v. aufsetzen
+ -ся	2. sich satt-, sich müde-	нае́сться v. sich satt essen
над(о)-	dazu-, (zusätzlich) darauf-	надстро́ить (v.) эта́ж eine Etage aufstocken
о-, об(о)-	1. herum-, ... um	огляде́ться v. um sich schauen
	2. um-	объе́хать v. herumfahren um
	3. nicht richtig, sich ver-	ослы́шаться v. sich verhören
от(о)-	1. weg-, ab-; los-	отъе́хать v. weg-, abfahren
	2. fertig-, zu Ende	отобе́дать v. das Mittagessen beenden
пере-	1. hinüber-, über-	перебежа́ть v. hinüberlaufen
	2. um- (nochmals)	переписа́ть v. um-, abschreiben
	3. über- (zu viel)	перевы́полнить v. übererfüllen
	4. durch-, zer-	перере́зать v. durchschneiden
+ -ся	5. einander, gegenseitig	перепи́сываться einander schreiben, in Briefwechsel stehen
по-	1. anfangen zu, los-	полете́ть v. losfliegen
	2. ein wenig, etwas	погуля́ть v. etwas spazierengehen

Präfixe	Bedeutung	Beispiele
под(о)-	1. darunter-, unter-	подписа́ть v. unterschreiben
	2. heran-, herbei-	подойти́ v. herankommen, -treten
	3. noch hinzu-, nach-	подли́ть v. zu-, nachgießen
при-	1. herbei-, an-	прие́хать v. ankommen
	2. an- (an etwas fest-)	приши́ть v. annähen
	3. ein wenig, nur etwas	приоткры́ть v. ein wenig öffnen
про-	1. hindurch-, durch-	проре́зать v. durchschneiden
	2. vorbei-, vorüber-	прое́хать v. vorbei-, vorüberfahren
	3. (völlig, ganz) durch-	прочита́ть v. (ganz) durchlesen
	4. eine bestimmte Zeit hindurch	проспа́ть (v.) всю ночь die ganze Nacht hindurch schlafen
	5. ver-	проигра́ть v. verspielen
раз(о)-,	1. auseinander-, zer-	разби́ть v. zerschlagen
рас-	2. ent-, (wieder) auf-	расцвести́ v. aufblühen
с(о)-	1. zusammen-	соста́вить v. zusammenstellen
	2. herab-, herunter-	сойти́ v. herabsteigen, hinuntergehen
	3. weg-, ab-	сорва́ть v. abreißen
у-	weg-, fort-	улете́ть v. weg-, fortfliegen

308 Ableitung mit Suffixen

Mit Hilfe von Suffixen werden Verben von anderen Wortarten abgeleitet.

Suffixe	Ableitungs-		Beispiele
	-wortart	-wort	
-(в)ова-,	Subst.	сове́т	сове́товать einen Rat geben
-ева-		уча́стие	уча́ствовать teilnehmen
		ночь	ночева́ть übernachten
-(ир)ова-	Subst.	кри́тика	критикова́ть kritisieren
	(fremden	фотогра́фия	фотографи́ровать fotografieren
	Ursprungs)	ремо́нт	ремонти́ровать reparieren
-и-	Subst.	мы́ло	мы́лить einseifen
	Adj.	чёрный	черни́ть schwärzen
+ Präfix		бога́тый	обогати́ть v. bereichern
+ Präfix		лу́чше	улу́чшить v. verbessern
+ Präfix	Pron.	свой	осво́ить v. sich aneignen; urbar machen
+ Präfix	Zahlw.	мно́го	умно́жить v. vermehren
-е-	Adj.	бе́лый	беле́ть weiß werden (schimmern)
-а-	Subst.	у́жин	у́жинать zu Abend essen
-ну-	Adj.	кре́пкий	кре́пнуть erstarken

Verzeichnis deutscher Stichwörter

Sämtliche Verweise beziehen sich auf die Leitzahlen am Seitenrand.
Angaben vor einem Gedankenstrich weisen auf die Formbildung, Angaben nach dem Gedankenstrich auf die Satzbildung.